サンバ先生の

学級経営 授業づくり 1日1技

いちにちいちわざ

明日の教室が
変わる教育実践

サンバ先生［著］

明治図書

学級経営、授業づくりに悩んでいた教員1年目。授業中「静かにしなさい」と言っても静かにならないことに悩んでいるとき、あるベテランの先生に相談しました。すると「こう言ってみたらどう?」「こんなこともできるよ」「こういう場合ならこうした方がいいかも」「授業以外のときにはこう声かけをしてみて」など「授業で静かにならない」というたった1つの場面にもかかわらず、多くのアプローチを教えてもらいました。「ああ、自分は学級経営や授業づくりに対する『引き出し』が少な過ぎるんだな」と強く感じ、それからは即実践できるような学級経営スキルや授業技術、声かけ方法などを学び、「引き出しを増やす」努力に励みました。すると、目に見えて子どもたちの行動や様子が変わっていき、学級経営も授業も安定するようになっていきました。

教員になって数年経ったある日。授業中の私語に悩んでいる若い先生に「私語している子に近づくだけでも行動は変わるかもよ」と本書でも紹介している「近づいて気づかせる」を教えました。「効果があった」と報告があったのもつかの間、すぐに「近づいても私語をやめなくなった」と聞きました。「そんなにすぐに効果がなくなるものかな…?」と不思議に思い、そのとき私自身が行っている「近づいて気づかせる」というスキルを振り返りました。すると、1つのスキルの中には、今の学級の状況や目の前の子どもたち、学級の目標などに沿った、ただ「近づく」だけではない細かいアプローチ方法や思いをもったうえで実践していることに気づきました。若い先生に「近づいたら私語が止まるよ」とスキルの表面しか教えず、スキルの意図、本質を伝えていなかったことを実感しました。

本書は私が学級経営や授業づくりにおいて大切にしている実践を「1日1技」として紹介しています。先ほど述べたように、学んだスキルをただ真似るのではなく、一つひとつの技の意図や本質を理解したうえで実践することが非常に大切です。それらの技の意図や本質を可能な限り具体的に言語化してまとめました。「引き出しを増やす」こと。そして「それぞれの技の本質を理解する」こと。教師をするうえで非常に重要なこの2つを学べるよう執筆いたしました。

学級経営、授業づくりにお悩みの先生方の一助となれば幸いです。

2025年2月

サンバ先生

もくじ

6月の1日1技 050

7月の1日1技 068

10 October

11 November

2月の1日1技 166

3月の1日1技 178

顔写真とともに名前を覚える　1日(月)

２種類以上の集合写真を使って名前を覚えるのがおすすめ。その方が様々な子どもの表情とともに名前を覚えられ、出会いの際に「え～っと君の名前は…」となることなく、自然に名前を呼ぶことができます。初日に名前で呼ぶ効果は非常に大きいです。

子どもの名前を辞書登録する　2日(火)

今は珍しい漢字や難しい読み方の名前の子どもも多いので、辞書登録を済ませておくと１年間かなりの時短につながります。少し時間はかかりますが、私は同学年の他学級の名前も登録します。行事等で書類を作成する際にかなり役立ちます。

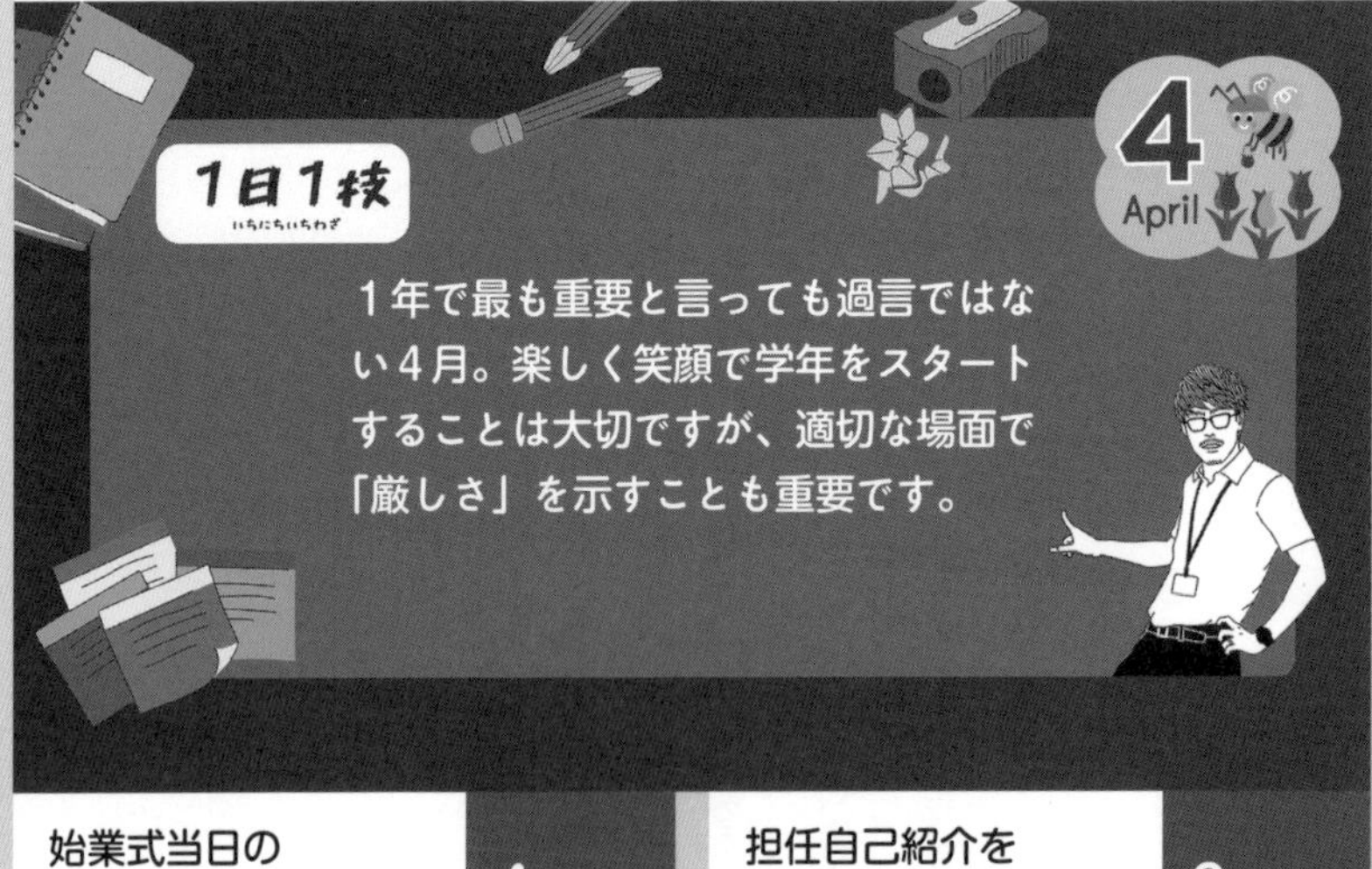

担任自己紹介をクイズ形式で作成する　3日(水)

担任の紹介を４択クイズで行うと子どももより興味をもって聞くようになります。コツは「ユーモアを含める」こと。例えば「先生はどうやって学校に来ている？　自転車・車・飛行機・一輪車」など。プレゼンソフトを使って作成します。

始業式当日の語りを考える　4日(木)

１年間一貫して子どもたちに大切にしてほしい内容を考えます。「どんなクラスになってほしいか」「どんな場面で担任は叱るのか」を軸に、学年や子どもたちにふさわしい内容を考えます。言葉だけでなく視覚にも訴えられるよう紙や画像も準備します。

新年度1日目のセリフを考える
5日(金)

新年度1日目の流れを確認することはどの先生もするでしょうが、私は一字一句セリフまで考え、文章化します。そして、伝えたいことが確実に子どもたちに届くよう推敲し、できるだけ言葉を削ります。貴重な1日目。少しのむだもなくします。

新年度1日目をシミュレーションする
8日(月)

1日目は始業式、着任式、配付物などがあり、思ったよりも時間がありません。ですから、完成したセリフとともに、1日のシミュレーションを行います。実際に教室で練習も行います。大切な学級開きをスムーズに進めるためです。

初日に全員の名前を呼び、全員をほめる
9日(火)

「○○くん、○○さん、話の聞き方がいいね」「○○さん手伝ってくれてありがとう」など初日はほめやすい場面が多く見られるので、名前をプラスしてほめます。子どもにとってもうれしいスタートとなります。全員をほめることを目指します。

短時間でも授業を行う
10日(水)

「都道府県を1つでも言える人?」「○+○の答えがわかる人?」など確実に全員がわかるであろう質問を投げかけます。そして全員に挙手させ、そのことを評価します。これにより「わかることは発表する」という授業への参加意識が高まります。

どの子どもとも平等に遊ぶ
11日(木)

「子どもと遊ぼう」とよく聞きますが、遊び方には注意が必要です。偏りなく多くの子どもたちと遊ぶことが非常に重要です。また、「遊ぶ=外遊び」ではなく、教室で休み時間を過ごす子どもたちとも積極的に接することがとても大切です。

子どもと遊んでほめる
12日(金)

子どもが遊んでいる様子をよく観察し、発見したよい点はクラス全体に広めます。「友だちに譲ることができた」「話し合って解決した」「けんかなく遊べている」「低学年に優しくできた」など。この評価が今後、休み時間のトラブル減少につながります。

算数授業開きは楽しく前学年の復習を行う

15日（月）

算数授業開きは、前学年で学習した計算にゲーム性をもたせて復習します。サイコロを使うのがおすすめ。「□□＋□」などの□をサイコロで数字を決めて計算。「先生対子どもで答えが大きい方が勝ち」などとすると、楽しみながら何度も計算できます。

国語授業開きは楽しく漢字の復習を行う

16日（火）

おすすめは漢字ビンゴ。４マス×４マスの枠を前学年で学習した漢字で埋めます。教科書を見ればだれでもできます。そして教師がランダムに漢字を黒板に書いていき、ビンゴを行います。「覚えていなくても全員が楽しんで参加できる」が重要です。

「起立ゲーム」でメリハリを伝える

17日（水）

「先生の指示には素早く反応」をゲームで体感。「全員起立」で起立させますが「遅いなぁ。『全員』の『ぜ』が聞こえたら立たないと」と話し、「ゼリー！」などと言うと全員が立ち、笑いが起こります。集中力と素早さをほめます。

担任が時間を徹底して守る

18日（木）

学級経営を安定させるには、４月の段階で「時間の統率」を徹底することが非常に重要。そのためには「時間を守りなさい」と説くだけでなく教師自身が時間を守ることです。授業は１秒も延ばさない。「君たちの時間も大切にする」を行動で示します。

ルールを徹底する

19日（金）

新しいクラスへの慣れから、ルールを逸脱した行動が見られ始めます。ここは見逃さず、ルールは徹底することが重要。しかし、いきなり「個人指導」ではなく、まずは「全体指導」で様子を見ていきます。行動に変化が見られれば個人をほめます。

あいさつをほめる

22日（月）

自分からあいさつできた子を全体でほめます。繰り返すとあいさつあふれる教室になります。教師の精神衛生的にも大切で、あいさつがない教室に行くのは辛いもの。ただし、あいさつしたくてもできない子もいるため、「全員あいさつ」は求めません。

23日（火）「毎日全員をほめる」を続ける

慣れは子どもたちだけでなく教師にも出てきます。そしてどうしても学級開き当初に比べて「ほめ言葉」が減っていきます。ここは耐えどころ。「毎日絶対全員をほめる」と強く心に決め、実行していきます。この継続が子どもとの強い絆を築きます。

24日（水）どの授業でも意思表示する場面を設定する

「○○くんの意見と同じ人？違う人？」など、どの授業でも必ず「子ども自身が意思表示する場面」を設定し、必ず全員に意思表示させることで授業中の傍観者をなくし参加意識を高めます。「迷っている人？」など、意思表示しやすい工夫もおすすめ。

25日（木）叱責ではなく近づいて気づかせる

授業の中で「注意したい」と感じる場面も見られるころでしょう。しかし学級が始まったばかりの時期はできるだけ指導の場面は減らしたいもの。「近づく」だけでも子どもの気づきを促せます。行動が変われば「ありがとう」とほめることもできます。

26日（金）厳しさを見せる

絶対に見逃してはいけない場面では教師の厳しさを示し、子どもに教師の本気度を伝えることが重要です。私は人を傷つける言動には毅然とした態度で厳しく対応します。厳しさが伝わるよう、普段の「笑顔」「たくさんほめる」が大切です。

29日（月）休み明け先生クイズで楽しく１週間を始める

休み明けを楽しくスタートするため月曜の朝はゲームを。おすすめは「先生クイズ」。土日に行った場所や買ったものを写真で示し「ここはどこでしょう？」などのクイズをヒントを出しながら行います。子どもが知っている場所、ものが盛り上がります。

30日（火）全体への指導はサンドイッチ方式で伝える

全体指導の際は、ただ注意して終わりではなく「①…がよくなってきた（努力や成長の評価）」「②…に気をつけてほしい（指導内容）」「③君たちならもっとよいクラスになる（期待や励まし）」と指導内容をポジティブな言葉で挟んで伝えます。

4 April

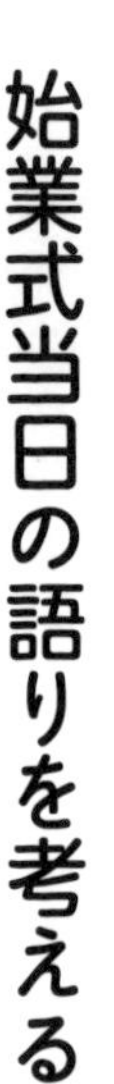

始業式当日の語りを考える

何を語るかというと、教師が考えるクラスの「目標」です。

「明るく元気」「助け合える」「みんな仲良く」「当たり前のことを当たり前に」「学校のリーダーに」などよいクラスをつくるうえで大切なことは多々ありますが、それらをすべて話しても、子どもには伝わりません。

まず語るうえで重要なのが**「内容を限定する」**こと。

先生方がそれぞれ考えている「こんなクラスにしたい」について、できるだけ絞って端的に話した方が、子どもたちには伝わります。

そしてもう1つ、子どもたちに学級開き初日に目標を語るうえで私が大切にしていることがあります。

それが**「具体性」**です。

「子どもに話すときは具体的に話すことが大事なことぐらい知っている」と思われるかもしれません。

しかし、こと「クラスの目標」に関しては、この具体性が一気に失われると感じます。「協力し合えるクラス」「明るく元気なクラス」「どんなことにも一生懸命なクラス」など、どれもとても大切なことではありますが、では、これらの目標で、共通の「明日からこうしよう」が、子どもたち全員に具体的に見えてくるでしょうか。

私は決してこういった目標が必要ないと考えているわけではありません。クラスの大きな目指すべき姿として、こういった目標をもつことも大切だと思っています。

しかし、新年度の1学期は、どの子どももがんばりたいという気持ちを強くもっています。その気持ちに応えるためにも、**「よいクラスをつくっていくためにどうがんばればよいのか」を具体的に示さないことは、がんばる気持ちをもつ子どもたちに失礼にあたる**と考えています。

では、実際にどう語るのか。

例えば、私が毎年学級開きで必ず話していることの1つに「あいさつ」があります。

「朝、先生よりも先にあいさつしよう」

と話します。

この目標であれば、次の日から何をすればよいのかが子どもたちに明確に伝わります。朝、気持ちのよいあいさつがクラスにあふれれば、「明るく元気のよいクラス」にも「当たり前のことを当たり前にするクラス」にも「学校のリーダーとなるクラス」にも近づきます。

このように、**「次の日から新しい学年で何をどうがんばればよいか」について子ども全員が共通理解できるほどの「具体性」をもった語り**が必要だと思っています。

「担任の先生にだけあいさつできればいいの？」

「朝のあいさつだけでいいの？」

このように思われる方もいらっしゃるかもしれません。

これについては、先ほど述べた「話す内容を限定する」ことが大切です。

「あれもしよう、これもしよう」では、結局何をがんばればよいのかが曖昧になってしまいます。

学級開きでは、まずはできるだけ絞った具体的な目標を伝えることが非常に重要です。目標をレベルアップし、広げていくことはいつでもできます。

ただ「いいクラスをつくるために、明日の朝から先生よりも先にあいさつしよう」という目標は、子どもにとってそれほど目新しさはありません。

そんな目標でも子どもたちが「明日から頑張ろう！」と思えるようにするにはどうすればよいか。

そのために私は**「楽しく練習」**を必ず行うようにしています。

例えば、

「今から一度教室を出るから、入ってきたときに先生より先にあいさつできるか練習しよう。教室に入ったらすぐに『おはようございます』を言い始めるから、それより早く言えるかな？」

と指示すると、ゲーム性もあいまって、子どもたちは楽しんで練習します。

1回試して、

「早い！　さすが○年生！　もう1回やってみよう」

と言って、次は被り物をかぶって教室に入ると盛り上がります。

また、担任以外の先生の協力を得て、代わりに教室に入ってもらうと、

「○○先生（協力いただいた先生）にもあいさつできたね！」

とほめることができます。

「楽しく練習」を経験することで、次の日から楽しみながら目標達成に励むことができます。「言われたからやる」とは違う子どもの姿を見ることができます。


具体性のある目標のもう1つの例を紹介します。

それは**「反応」**です。

「話をうなずきながら聞く」ということと、「いいですか？」や「○○さん」「○班さん」などの呼びかけに「はい！」と返事をすることです。

これは、聞く力を高めると同時に、**うなずいたり返事をしたりすることで授業への「参加意識」も高められます。**

そしてこれも「楽しく練習」します。

「先生が今から話すのでうなずきながら聞こう。今日は始業式ですね」

「(うんうん)」

「新しいクラスになりましたね」

「(うんうん)」

「担任の先生も変わりましたね」

「(うんうん)」

「君たちは○年生(前年度の学年)になりましたね」

「(うんうん…)あっ!」(ここで笑いが起きます)

「違うなって思ったときに、首をかしげたりするのも反応です。しっかり話を聞いている証拠だね」

返事の練習では、「1班さん」「はい!」「2班さん」「はい!」と声の張りや大きさを競うと盛り上がります。

こういった目標を初日に3~4個語るようにしています。目標を語る際には「内容を絞って具体的に」話をし、「楽しく練習」を行うことで、子どもたちに確実に伝わり、次の日からの行動に変化が見られるようになります。

新年度1日目のセリフを考える

教師経験を重ねると、特に準備をしていなくとも子どもの前でうまく話ができるようになっていきます。しかし、教師としての経験が10年を超えた今でも、伝えたい事柄について入念に準備し、言語化し、書き出し、そして話す練習まで行う日があります。それが新年度1日目、学級開きの日です。

なぜそれほどの準備を行うのか。それは、**子どもとの信頼関係、安定した学級経営のベースをつくるうえで大きな意味をもっている日だから**です。

「学級開きの初日がうまくいかない＝その後の学級がうまくいかない」ではありません。立て直しはいつでも可能です。しかし、考えてみてください。例えば、あなたがはじめて赴任してきた校長先生と対面した際、どんな学校にしていきたいかについて思いつきでまとまりなく話したり、話す中で「えーっと…」「あのー…」が多かったりした場合、「この校長先生のもとでがんばろう！」「この先生についていこう！」と思えるでしょうか。

子どもも同じです。「子どもにしっかり話を聞いてもらいたい」「子どもと信頼関係を築きたい」と思っているのなら、教師と子どもがはじめて対面する1日目は非常に重要です。子どもたちに伝えたいことを「楽しく」「わかりやすく」「端的に」「確実に」伝えるためにも、入念な準備は必要不可欠です。

では、どのように準備をするのか。

私は当日話すセリフを一字一句書き出すようにしています。**すべてを書き出すことで「理解しやすいか」「無駄はないか」が視覚化されます。**

はじめに「絶対に話さなければいけないこと」と「クラスづくりで伝えたいこと」を時系列に沿って思いつくままに書き出します。「自分の席に静かに座ります」のようなちょっとした指示もすべて書きます。全部を書き終えたらそこから修正していきます。**内容がしっかり伝わるのなら言葉はできるだけ少ない方がよいので、どんどん削っていきます。**

もちろん、一字一句書き出したからといって、すべてを暗記し、セリフ通りに話すわけではありません。しかし、一度書き出すことで話す内容が整理でき、当日も自信をもって落ち着いて話すことができます。そんな教師の姿が「今年の先生はすごい！」「この先生とがんばりたい！」という信頼感や意欲の向上に必ずつながります。

4 April

子どもと遊んでほめる

子ども同士のトラブルが起こりやすい休み時間。休み時間のたびに子どもが泣きながら、怒りながら、けんかしながら教室へ戻ってくる。多くの先生が経験されていると思います。

そんな休み時間のトラブルを劇的に減らす方法があります。

まず1つは、**「子どもと一緒に遊ぶ」**ことです。教師の目線を意識しながら遊ぶので、当然トラブルは減ります。何か問題が起きそうな場面でも、教師が仲裁に入れば大きな問題になる前に解決できるでしょう。

「教師が一緒にいてトラブルが減るなんて当たり前」「それだと常に遊ばないといけないことになる」と思われる先生もいらっしゃると思います。

しかし、実は遊ぶだけではなく、もう1つ大切なポイントがあります。

それは**「子どもの遊ぶ姿をほめる」**ことです。

私は、4月はとにかく休み時間に子どもと遊ぶようにしています。そして、遊びながら徹底して子どもをほめます。

「ドッジボールのコートをかいてくれたんだね」「ペアになれない子に声をかけられたね」「低学年の子を入れてあげたんだね」「投げていない子にボールを譲ったね」「順番を守れているね」と、気づいたらどんどんほめます。教室に戻った後も「さっきドッジボールをしたんだけど、すごいなと思うことがいっぱいあってね…」とクラス全体に話します。

4月はこの「遊んでほめる」を繰り返し行います。ほめることで「休み時間でのあるべき姿」を伝えられるので、トラブルが起こることが少なくなっていきます。

「トラブルが起こりそうな場面を注視する」こともおすすめです。もし子どもたちで解決する様子が見られたなら「けんかになりそうだったけどみんなで解決できていたね」とほめれば、よりトラブルの未然防止につながります。

もう1つ重要なのが**「教師がいないときにも注目する」**こと。例えば、運動場で鬼ごっこをしているとき、ドッジボールをしている他のグループにも目を配ります。そこで見られたよい行いを「先生がいないときにもみんなで仲良く遊べてたね。本当にすごいよ」と評価すると、教師がいない場面でも子どもたちの行動に変化が見られるようになります。

遊びに行くはほめに行く。そんな意識で子どもと一緒に遊べるとよいと思います。

担任が時間を徹底して守る

4月の間に「時間を守る」ことを徹底させる。

これは、学級を安定させるための絶対条件です。授業開始時間に全員が集まらない、移動教室で毎回チャイムより遅れるなど、時間が守れないクラスは間違いなく荒れます。

では、子どもたちが時間を守るようになるにはどうすればよいのか。

「時間の大切さを伝える」「遅れてきたときに厳しく指導する」「1人が5分遅れればみんなにどれほどの損失が起こるのかを伝える」など、どれも大切です。

しかし、私が最も重要だと考えているのは**「教師が時間を守る姿を示す」**ことです。例えば、家庭で「ゲームは30分まで」と子どもに言っているのに、親が1時間も2時間もゲームをしていたり、「食事中はスマホを見ない」というルールにしているのに、親がスマホを見たりしていては、子どもはルールを守ろうとしません。

それと同じで、まずは教師自身が徹底して時間を守る姿勢を子どもたちに示します。その姿は、言葉以上に伝わります。

しかし、多くの先生が「ある場面」において時間を守れていません。「時間を守りなさい」と子どもに伝えている先生が、その「ある場面」では時間を守っていない姿を堂々と子どもたちに見せているのです。

それは、**授業の終わりの時間**です。

「チャイム鳴ったけどここだけやらせて」

「チャイム鳴ったけど感想を書けた人から休み時間ね」

このようなことを言った経験はどの先生もあるのではないでしょうか。

私はこの矛盾に気づいてから、授業はチャイムが鳴った瞬間に、どれだけきりが悪くとも終わるようにしています。

「みんなには時間を大切に考え、時間を守ってほしい。だから先生もみんなの時間を大切にするために全力で時間を守る」ということを子どもたちに話します。経験上、これは「時間を守りなさい」という言葉以上に子どもに伝わり、時間を守ろうとする姿勢につながります。また、**子どもたちの時間を大切にしている教師からの「時間を守りなさい」という言葉は、子どもに深く響きます。**

4 April

厳しさを見せる

「始業式当日の語りを考える」の項で、初日にはクラスの目標について子どもたちに話をするとお伝えしましたが、もう1つ、学級開きで子どもたちに必ず話す事柄が**「先生が本気で叱るとき」**です。

これは多くの先生も話されていることだと思います。叱る基準を示すことは、子どもに「何がよくて何がだめなのか」を明確に示すことであり、学校生活を安心して過ごすことにつながります。

私は「人（自分を含む）を傷つける言動」には厳しく対応すると毎年伝えています。具体例を示しながら「傷つける」とは体だけでなく、心への言葉や行動も含まれることを話します。

時間があればどういった行動や言葉が体や心を傷つけるのかについて、子どもたちと一緒に考えることもよいでしょう。

しかし、教師の叱る基準を示せば子どもたちはそういった行動はしなくなる、というわけではありません。不適切な言動はどのクラスでも起こります。

学級経営上、非常に大事なのは、叱る基準を語った後にはじめて起こる「叱るべき場面」での対応です。

「叱るべき場面」がはじめて起こったとき、子どもたちは教師に注目します。「こういうことが起こったときは本気で叱ります」と言った先生はどうやって叱るんだろう、と。

もしここで、曖昧な対応や甘い対応をしてしまえば、それは子どもたちに確実に伝わります。「本気で叱るって言ったけど、そんなことないじゃん」となります。

これは、**クラスが一気に崩れていく可能性があるほどの重要な場面**なのです。

教師が子どもたちに宣言した通り、叱るべき場面でしっかり厳しさを示すこと、本気で叱っているということが伝わるようにすることは、安定した学級をつくっていくうえでかなり重要です。

そうは言っても、なかなか厳しさを出せない、厳しさが伝わらない、と悩んでいる先生もいらっしゃると思います。

ここでいう「厳しさ」とは、決して「大きな声で怒鳴る、威圧する」ということではありません。そんなことをしなくても、厳しさは伝わります。

厳しさを出すために「叱り方」に注目して、そこを改善しようとする先生もいらっしゃるかもしれません。当然それも大切ですが、厳しさを示すための重要なポイントは「叱り方」ではないところにあると私は考えています。

それは**「普段のふるまいとのギャップ」**です。

普段から常に笑顔でいて、子どもたちをよくほめる先生であるならば、笑顔をなくした真剣な表情に変えるだけで、その厳しさは伝わります。声のトーンを少し低くするだけで、本気で叱っているということが子どもからも見てわかるのです。

このギャップを生むためにも、普段どうふるまっているのかはとても重要です。

明るい表情で子どもたちをよくほめることは、子どもの意欲や自己肯定感を高めたり、良好な関係をつくったりするうえで大切ですが、それだけでなく、子どもたちを指導したり、叱ったりする場面でも生きてくるのです。

逆に、いつも怒ってばかりだったり、不機嫌だったりすると、普段とのギャップがなく、厳しさを伝えることは難しくなります。

また、叱ることで行動が抑えられたとしても、普段からよく叱っている場合、子どもが「先生に叱られるからやめよう」という意識になってしまいがちです。本来は「この言葉や行動がいけないからやめよう」であるべきです。そのためにも、普段からよくほめる、ポジティブな関わりをしていくことは欠かせないことです。

学級を安定させるためにも然るべき場面で厳しさを示すこと。

そしてその厳しさが伝わるためにも普段の振る舞いに意識を向けること。

学級が始まったばかりのこの時期だからこそ、特に重要であると考えています。

いつも怒っていると…

また怒ってる…

いつもほめていると…

NO

いつもと違うから本気で叱ってる…

叱責ではなく近づいて気づかせる

4月も後半。

授業や日常の生活の中で「注意したい」と感じる場面が、徐々に出てくると思います。子どもたちにとっても「慣れ」による気の緩みが出てくるころです。学級を安定させていくためにも、この時期の適切な指導は必要です。

しかし、学級が始まったばかりのころは、できるだけ叱ることは避けたいと思われる先生もいらっしゃるかもしれません。

叱ることは必要です。しかし、叱るばかりの教育がよいかといえば、それに賛成する先生はいないのではないかと思います。

だからといって、注意したい場面を見逃すことは、子どもたちに暗に「許している」ということを示すことになり、それが積もり積もれば、学級の秩序に関わってくる可能性があります。**学級を崩してしまう原因の多くは、こういった小さなほころび**です。

このように「どこまで注意すればよいか」「どう叱ればよいか」という悩みが出てくるのが、4月の後半ではないでしょうか。

では、どうすればよいのか。

それは**「どう叱るか」に焦点を当てるのではなく、「叱る場面を減らす」ことに意識を向ける**ことです。**教師のちょっとした工夫により「叱る必要がない状況」をつくり出すことは可能**です。

その工夫の1つが、タイトルにもなっている「近づいて気づかせる」です。

教師が近づくだけで、子どもの「あっ、だめだ！」「やめないと！」という気づきを促せます。授業中、子どもの私語や手遊びなどが気になったら、授業を進めながらその子の座席に近づいて行きます。今していることがあまりよくないという自覚があれば、ほとんどの子どもは、していることをやめると思います。

そして、子ども自身が気づいて行動に変化が見られれば、私は「ありがとう」と笑顔でそっと声をかけるようにしています。このように、叱ることなく、逆にほめて終わることもできるのです。

こういった手立てをいくつもっているかが、安定した学級になるかどうかに大きく関わってきます。

そこで、他にも工夫をいくつか紹介します。

1つ目は、**「フェイント指名」**です。

「○○くん。…じゃなかった、ごめん！

では、□□さん」

このように、名前を呼んで気づきを促す方法です（「○○くん」が気づきを促したい子ども）。だれでも、急に自分の名前が呼ばれるとドキッとするものです。

「指示後に気になる子への即フォロー」もおすすめです。指示の後に取りかかりに時間がかかる子や、指示がなかなか通らない子のところにすぐに向かい、フォローを行います。

「早くしなさい！」という指導が不要となります。

「指導の言葉をポジティブに変える」ことだけでも叱る機会を減らすことができます。

「走ってはだめ」ではなく「歩きましょう」、「静かにしなさい」ではなく「口を閉じましょう」、「早くしなさい」ではなく「まずは○○からしてみよう」など。否定的にやめてほしいことを伝えるのではなく、肯定的にするべきことを伝えると、叱ることなく、子どもたちも前向きに行動を変えることができます。

こういった手立てに加えて、私はよく「この授業でおしゃべりをしている人がいたんだけど、自分で気づいてやめることができたんだよね。注意される前に気づいて行動を変えるのはすばらしいことです」のような話を授業の後半にします。クラス全体に「そういった行動はやめよう」という理解が広がり、より自制心が働くようになります。

このように、叱る場面を意図的に減らすことができれば、当然クラスの雰囲気はよくなり、教師と子どもとの関係も良好に築かれていきます。

また、前項でも述べましたが、**普段からできる限り叱らない対応を心がけていると、厳しい指導が必要な場面でより本気度が伝わり、指導が入りやすくなります。**

注意したいという場面に遭遇したり、気になる言動が少しずつ増えてきたりしたら、どう指導するかの前に、教師の手立てによってそういった事象を減らせないかということを考えてみてはいかがでしょうか。

クラスの現在地を確認する　1日(水)

1か月が経ち、子どもの本当の素顔も見えてくるこの時期。指導することも増えてきますが、今一度4月に考えたクラスの向かうべき場所と、そこへ向けた現在地を客観的に把握することは非常に重要。5月の学級経営ですべきことを具体化します。

1か月の学習内容を楽しく復習する　2日(木)

連休前なのでここまでの学習内容の定着を図るために復習を。Kahoot! やロイロノートなど問題作成が可能なサービスを利用し、ゲームを通して楽しく行います。「勉強楽しかった」と感じさせ、連休後の登校や授業への意欲を高めることをねらいます。

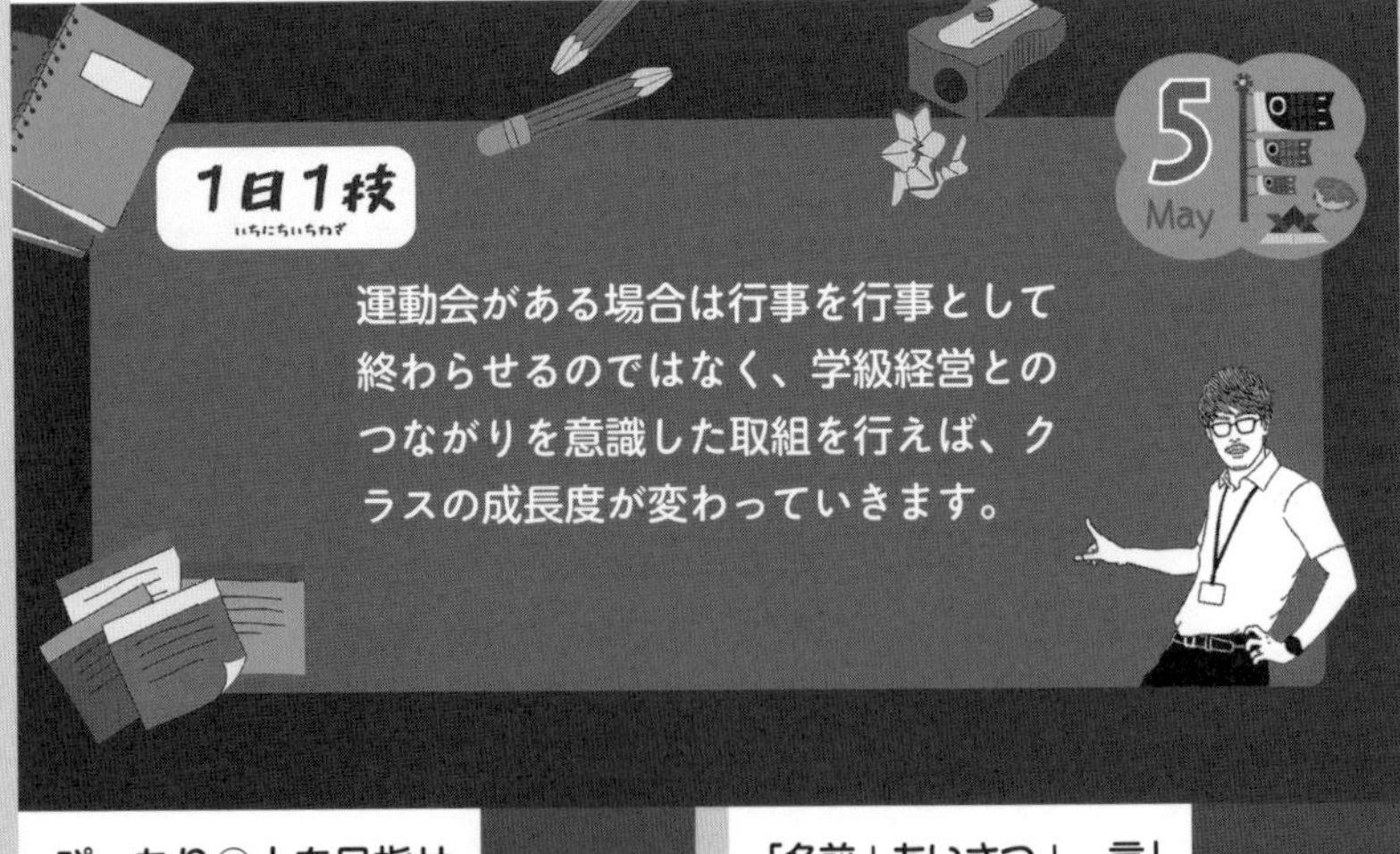

「名前＋あいさつ＋一言」を朝、全員に　7日(火)

久しぶりの登校にしんどさや不安を感じる子がいます。その不安を少しでも和らげるため、朝に全員の名前を呼んであいさつをし「よく来たね」「あいさつがいいね」「…の試合はどうだった？」など声をかけます。子どもたちとのつながりを強くします。

ぴったり○人を目指せゲームをする　8日(水)

「連休中にコンビニに行った人？」「昨日車に乗った人？」などのお題に対してグループで人数を予想し、挙手で人数を確認します。どのグループの予想が近いかを競うゲームです。準備なしで楽しめます。連休明けは積極的に全員が楽しめるゲームを。

列指名を活用する

9日(木)

「発表する子どもが固定されてきた」という悩みがある場合は列指名がおすすめ。できるだけ多くの子に発言を促せます。ただし、発表に不安を感じている子もいるので、全員が確実に意見をもて、発言が可能な状態のときに列指名を活用します。

常に笑顔を意識する

10日(金)

子どもとの良好な関係を築くためにも笑顔は当然必要。それだけでなく、常時笑顔でいることは指導の際にも生きてきます。常に笑顔の先生はその表情の違いだけで厳しさや本気度を伝えることができます。大きな声を出す必要がなくなります。

「同じか違うか」を考えながら聞かせる

13日(月)

授業で聞き手を育てる手法の１つ。友だちの発表を「自分の考えと同じか違うか」「賛成か反対か」という視点で聞かせます。発表後に「同じ人？　違う人？　どちらか悩んでいる人？」と投げかけて全員に挙手させ、授業への参加意識を高めます。

指示の後に気になる子に即フォローする

14日(火)

「指示がなかなか通らない」という気になる子どもには、指示の後の即フォローがおすすめ。「こうするんだよ」と個別に声かけ。たとえ聞いていなかったとしても、できたらほめます。「また聞いていない！」という指導より何倍も効果があります。

指導の言葉をポジティブに言い換える

15日(水)

「走るな」ではなく「歩こう」。「○時までに終わらないと、…できないよ！」ではなく「○時までに終われば、…できるよ！」。子どもへの指導をポジティブな言葉に変換すると、子どもの意欲がまったく変わってきます。

子どもにお手伝いをお願いする

16日(木)

「子どもが自分から動いてくれない」という悩みがあるなら積極的にこちらからお手伝いをお願いしてみましょう。そして、大きくほめ、そういった行動を広めていきます。断られても気にしない。「先生、私やるよ」という子が必ず増えていきます。

発表の前に隣同士で発表の練習をさせる

17日(金)

「ここは多くの子に手をあげて発表してほしい」という場面で、「隣の友だちに発表を聞いてもらおう。聞いた人はよいと思ったところをほめましょう」と指示すると、発表へのハードルがぐっと下がり、多くの子が手をあげられるようになります。

朝の黒板になぞなぞを書いておく

20日(月)

１週間を楽しくスタートできるようにするひと工夫。朝から子どもたちがワイワイと楽しみます。難易度は「パッとはわからないけど、少し考えればわかる」程度のものが最適。「答えがわかっても言わないでね」のひと言も添えておきます。

発表直後に発表する姿を評価する

21日(火)

発表のレベルを上げたいのなら「声がよかったね」「全体を見渡しながら発表ができたね」「身ぶり手ぶりを交えながら話せたね」など、発表直後に評価を入れます。授業終わりに「今日の発表ＭＶＰは…」などとすると盛り上がります。

表現運動は「なぜ」を子どもと話し合う

22日(水)

運動会の表現運動では「列をそろえる」「腕を伸ばす」「声を出す」などのことが求められますが、特に高学年では「なぜ列をそろえる必要があるのか」「そもそもなぜ表現をするのか」などを共に考えることで目的意識をもたせることができます。

運動会の練習内容を教師間で共有する

23日(木)

運動会の各演技や競技の主担当は１日の練習内容を他の教師としっかり共有することをおすすめします。「今日は入退場のみの練習」「めあては縦横の列をそろえる」と内容とめあてが共有できていれば、他の教師と指導の視点をそろえることができます。

運動会の目的を教師自身が再確認する

24日(金)

運動会本番が近づいてくると、演技を仕上げることに気を取られ、強い指導になってしまいがち。「子どもの成長のためにこの指導は本当に必要なのか」を自問し、運動会本来の目的に立ち返ることで、何をすべきかが見えてくることがあります。

運動会本番は演技以外にも注目する　25日（土）

「演技がすばらしかった」「リレーでがんばったね」という評価も大事。しかしそれ以外の「応援の様子」「低学年への支援」「係活動での貢献」などにも注目し、評価することで、運動会の意義がさらに大きなものになります。

運動会の作文はランキング１位を書かせる　27日（月）

「○月○日運動会がありました。まず…」と事実羅列の作文にならないために、心に残っている演技や出来事を５個以上考えさせます。それを印象に残っている順にランキングにさせ、ランキング上位のことに絞って書かせるとよいでしょう。

運動会のがんばりとつなげてほめる　28日（火）

運動会を１つの行事で終わらせないためにも、運動会のがんばりと関連づけて積極的にほめます。「運動会でのあきらめない姿勢が、ここでも生きているね」「行動の素早さは、運動会からレベルが上がっているね」などと声をかけていきます。

運動会のがんばりが見える写真を掲示する　29日（水）

行事が終わればその行事でのがんばりが見える写真を教室に掲示することがおすすめ。その行事で何を目標にして、どう努力してきたのかがひと目でわかります。何か指導が必要な際にも「あのころを思い出そう」と視覚で訴えられます。

静かな声で話す　30日（木）

大きな行事の後は子どもの落ち着きがなくなりがちですが、大きな声で指導するのではなく、逆に落ち着いた静かな声で対応することを心がけます。子どものテンションに合わせない落ち着いた対応は、学級の落ち着いた雰囲気づくりにつながります。

１か月の振り返りを話し合う機会を設ける　31日（金）

「魔の６月」と呼ばれる６月に向けて１か月を振り返ります。個人の振り返りだけでなく「クラスのよかったところ」「クラスの改善すべきところ」など学級全体に関する振り返りを全体で話し合います。クラスの問題を自分事として捉えさせます。

5 May

「同じか違うか」を考えながら聞かせる

「友だちの発表もしっかり聞きなさい！」

授業でよく耳にするこういった指示。子どもたちには、教師の話だけでなく、クラスメイトの発表もしっかり聞くようになってほしいものです。子ども同士が聞き合えるようになれば、授業はさらに活性化します。

では、どうすれば聞くようになるのか。「聞きなさい！」というような指導がなくても、子どもが自然と友だちの発表を聞くようになる方法があります。

それは、**「自分の考えと同じか、違うか」または「友だちの考えに賛成か、反対か」という視点で友だちの発表を聞くように伝える**というものです。例えば、

「○○くんが今から発表するけど、自分の考えと同じだったかどうか考えながら聞いてね。後で聞くよ」

と投げかければ、子どもたちの聞く意識が高まります。

そして発表後に、

「同じだった人？　違った人？」

と尋ねて、どちらかに挙手させます。

大事なのは、ここで必ず全員に手をあげさせることです。

手があがらない子がいた場合は見逃さずに、

「どちらにも手があがらなかった人がいたので、もう一度聞きます。同じだった人？　違った人？」

と再度尋ね、必ず全員に手をあげさせます。

ここで見逃すと「別に聞かなくても大丈夫」というメッセージを与えてしまうことになるので、全員がどちらかに手をあげているかを確実に確認します。

ただし、自分の考えと同じか違うか、または賛成か反対かがわからない子がいる場合もあるので、クラスの実態に応じて**「同じ人？　違う人？　ちょっとわからない人（迷っている人）？」など、選択肢を3つにすればより手をあげやすくなるかもしれません。**

どちらにしても大事なのは、全員にしっかり手をあげさせることです。そして、全員の

手があがれば、

「友だちの発表も聞けることはすばらしいね」

と毎回しっかりほめます。

これを1学期のスタートから徹底して繰り返すことで「○○さんの意見は僕と同じかなぁ…?」と、考えながら聞くことが当たり前になり、子どもたちの聞き手としての力が育っていきます。

私の授業での進め方の一例を紹介します。

1人目の発表が終わった後に

「今の○○さんの意見に賛成の人? 反対の人? 迷っている人?」

「全員の手があがったね。しっかり友だちの発表が聞けている証拠だ」

「まずは賛成の人の意見を何人か聞くね。手をあげていた○○さんからどうぞ」

(賛成意見を何人か発表させた後)

「○○くんは確か反対意見で手をあげていたよね。意見聞かせてくれる?」

「じゃあ迷っている人の考えも聞いてみよう。もしかしたら賛成の意見に近かったり、反対の意見に似ていたりするかもしれないから、聞いている人はどっちの意見に近いか考えてみよう」

こういった投げかけの何がよいかというと、**子どもたちに「聞く目的」をもたせられる**ことです。

「修学旅行でのホテルの部屋番号を今から言います」

と話せば、「聞きなさい」と指示しなくとも子どもは聞きます。「自分の部屋の番号を知る」という目的ができるため、自然と聞くのです。

同じように、授業でも「なぜ聞くのか」という目的を与えるのです。そうすれば子どもは自ら友だちの発表に耳を傾けます。

「自分の意見と同じか違うかを確かめる」という目的を与えることで、授業における子どもたちの聞く意識も非常に高まります。

この投げかけは、どの教科のどんな授業でも活用できます。「友だちの発表をなかなか聞こうとしないなぁ…」という場合に、ぜひ試してみてください。

子どもにお手伝いをお願いする

「今の子どもは指示がないと自分から動かない」「うちのクラスの子、自主性がない」なんて言葉を耳にすることがありますが、そのたびにつくづく思います。本当に子どもには自主性がないのだろうか、と。

子どもたちは、自分がやりたいと思うことなら、大人が何も言わなくても進んでやります。ゲームや遊びなら「やめなさい！」と言ってもし続けます。そう考えると、自主性がない子どもなんていないのではと思います。

ですから、**もし「子どもが自分から動かない」と感じるのならば、それは子どもが「自分から動きたい」と思えるような環境ではないの**です。子どもが自分から動きたくなる、本来もっている自主性を発揮したくなるような状況や環境を、教師自身がつくることが大切です。

おすすめなのが「このプリント配ってくれる？」「今から掲示するからちょっと手伝ってくれる？」「これを理科室に運んでくれる？」と積極的に**「子どもにお手伝いをお願いする」**ことです。

「お手伝いをお願いして、やってくれたとしても、それは子どもの自主性からの行動ではないのではないか」と思われるかもしれません。

確かに、はじめからどんどん自分でみんなのために動けるようなクラスなら必要ないかもしれません。しかし、そうでないならば「お願い」することから始めるのです。

「だれか手伝ってくれる？」という教師の投げかけには必ず反応する子どもがいます。そして「ありがとう」「〇〇くんがいてくれて本当によかった」と心からの感謝を伝えるのです。その後、クラス全体に対して、

「先生が『手伝って』と言ったら、すぐ何人か動いてくれて、とても助かったんだよ」と話します。すると「次もお手伝いしよう」「今度は私もお手伝いしよう」と思う子が必ず出てきます。

こうして**「お手伝いをお願いする↓ほめる・感謝する」を続けていけば、教師の動きを見て自分から手伝おうとする子が出てきます。**その場面を見逃さず、

「先生が何も言わなくても手伝ってくれたんだよ」

と価値づけすると、クラスの自主性のレベルが高まっていきます。

子どもにお手伝いをお願いする際、注意したい点が2つあります。

1つは、**「手伝ってくれる人？」という呼びかけに動き出す子が固定化し、ほめられる子も常に同じになってしまうこと**です。これは、どのクラスでも起こり得ることです。ですから、「〇〇くん、これちょっとお願いしていい？」「□□さん、ちょっとこれ持っててもらっていいかな？」と個々に指名しながら、できるだけ多くの子どもに声をかけるようにします。どの子にも平等にお手伝いをお願いするのです。

そしてもう1つは、**断らなそうな子どもばかりにお願いしがちであること**です。私は、お手伝いをお願いするとき、問題行動の多い子、教師との関係がうまくいっていない子、いつも寡黙で静かな子など、クラスの「気になる子」にも積極的にお願いしています。

すると、断られることも当然あります。でも「そうかそうか。忙しいよな。ごめんよ。またお願いな」と言って、他の子にお願いします。しかし、またどこかの機会で、断った子に「〇〇くん、これお願いできる？」と果敢にお願いするのです。

それで「え～」と嫌な顔をしながらでも手伝ってくれたらこっちのものです。その気になる子をほめ、感謝を伝えることで、自主性を高めるだけでなく、自信や自己有用感が高まり、クラスの中での行動に変容が見られることもあります。

お手伝いをいつも快く引き受けてくれる子にお願いしたくなる気持ちはわかります。断られると大人でも辛いものです。しかしどの子にも平等にお願いしてみてください。必ずクラスによい変化が見られるはずです。

子どもの自主性を育むために、「お手伝いをお願いする」のはとても効果的です。自分で考えて動くことを価値づけていくことで、お手伝い以外の部分でも自主性を発揮するようになっていきます。ぜひ試してみてください。

●どの子にも平等にお手伝いをお願いする。
●一度断られても、どこかの機会で、またお願いする。

発表直後に発表する姿を評価する

子どもが発表をするときに、「声が小さい」「いつも自分（教師）の方を見て話している」「ノートに書いてあることをそのまま話している」「前の発表とつながっていない」「発表が長い」など、改善したいと感じるところがあると思います。

そういったときには「もっと声を大きくしなさい」「みんなの方を見ながら話をしなさい」と直接的に指導するのではなく、**「子どもの発表直後によかった部分をほめる」**ことがおすすめです。

例えば、発表の後に「全員に届く声だったね」「クラス全体を見渡しながら発表できたね」「黒板を使ってわかりやすく説明できたね」など、どんどんほめていきます。すると**子どもたちは、教師がほめたことを取り入れて発表しようとするので、発表のレベルが自然と上がっていきます。**

また、子どもの発表のどこを評価するのか**「観点を限定して評価する」**こともおすすめです。

例えば、全体的に声が小さいと感じるなら、

「この授業での発表は、クラスのみんなに届く声かどうかを先生は見るね」

と宣言し、発表後に「いい声だったね」「前よりも声が大きくなった」「聞こえないところがあったね」などと評価していきます。「4月は声」「5月は目線」「6月以降は内容」と計画的に進めていくと、それに伴って子どもたちの発表のレベルも上がっていきます。

「声の大きさを3点満点でつけていくね」

と伝えて、発表後に「2点」「1・5点」「3点満点！　いい声だった！」と点数化する方法もあります。こうすれば、目指すべき発表の姿を子どもにより明確に示すことができます（低い点をつける際には配慮が必要です）。

また、授業の最後に**「今日の発表MVP」**と、どの発表が一番よかったかを子どもたちに知らせるとより盛り上がります。「みんなの発表につなげて話すことができたし、はきはきとした声で話すことができていたね」と具体的にどこがよかったのかも示します。

「今日は発表のときの『目線』MVPを最後に発表するね」と、観点を絞ってもおもしろいと思います。

運動会の作文はランキング1位を書かせる

運動会の作文を何も指示なく書かせると…

「○月○日、運動会がありました。まず開会式がありました。校長先生の話や○○先生の話、応援団の選手宣誓がありました。そのあとは全校生のラジオ体操がありました。その次は○年生のリレーがありました。そして次は…」

このような事実を順番に羅列したのみの作文になってしまいがちです。

また、いきなり原稿用紙を配って書かせようとすると、子どもは思いついた順番に書こうとして、まとまりのない作文になってしまいます。

こういったことを防ぐためには、**作文を書く前に「何を書くか」を考える時間を取ることが必要**です。大人でも、例えば指導案を書くとき、いきなり1文字目から清書するのではなく、どの教科のどの単元の授業をするのか、その単元内でどのような授業をするのかをある程度考えたうえで書き始めると思います。

おすすめなのが、**「印象に残っている出来事をランキング形式で考えさせる」**ことです。まずは楽しかったことや悔しかったこと、心に残っている演技や競技、出来事や場面をできるだけ多く考えさせます。「リレー」や「玉入れ」など大きな枠で考えさせてもよいですが、「リレーでバトンを受け取る瞬間」「玉入れで玉の数を数えているとき」など、より場面を絞るとよい作文になります。

また、個人で考えさせるのではなく、クラス全体で考えて発表させると、「あっ、そんなこともあったね」「それ忘れてた」など、よりはっきり思い出すきっかけになります。

そして、印象に残っている順、作文に書き残したい順にランキングをつくらせます。ここは個人で作業させます。「1位リレー、2位ダンス、3位係の仕事、4位これまでの練習、5位応援」のようにランキングをつくります。

そして、ランキング上位のことに絞って作文を書かせていきます。この方法を使うと、出来事を起こった順に書いていくような作文ではなくなります。

1位のみを書いてもよいですし、2～3つ選んで「心に残っていることが3つあります」と書き始めてもよいです（選ぶ出来事はあまり多過ぎないように）。

この方法は、運動会に限らずどんな学校行事でも活用可能です。

学級の状態をチェックする

3日(月)

学級に落ち着きがなくなる6月。「朝の会が子どもたちだけでスタートできているか」「チャイムで着席しているか」「給食準備○分以内でできているか」などをチェック。できていないことに落ち込まず、のびしろと考え、一つひとつ対応していきます。

ポジティブな議題で話し合うようにする

4日(火)

この時期の学級会「掃除をサボる人がいる」「スリッパがバラバラ」などの議題で話し合われることが多いのですが、「みんなが掃除をしたくなるようにするにはどうすればいいだろう？」など、ポジティブな議題で話し合うと雰囲気がよくなります。

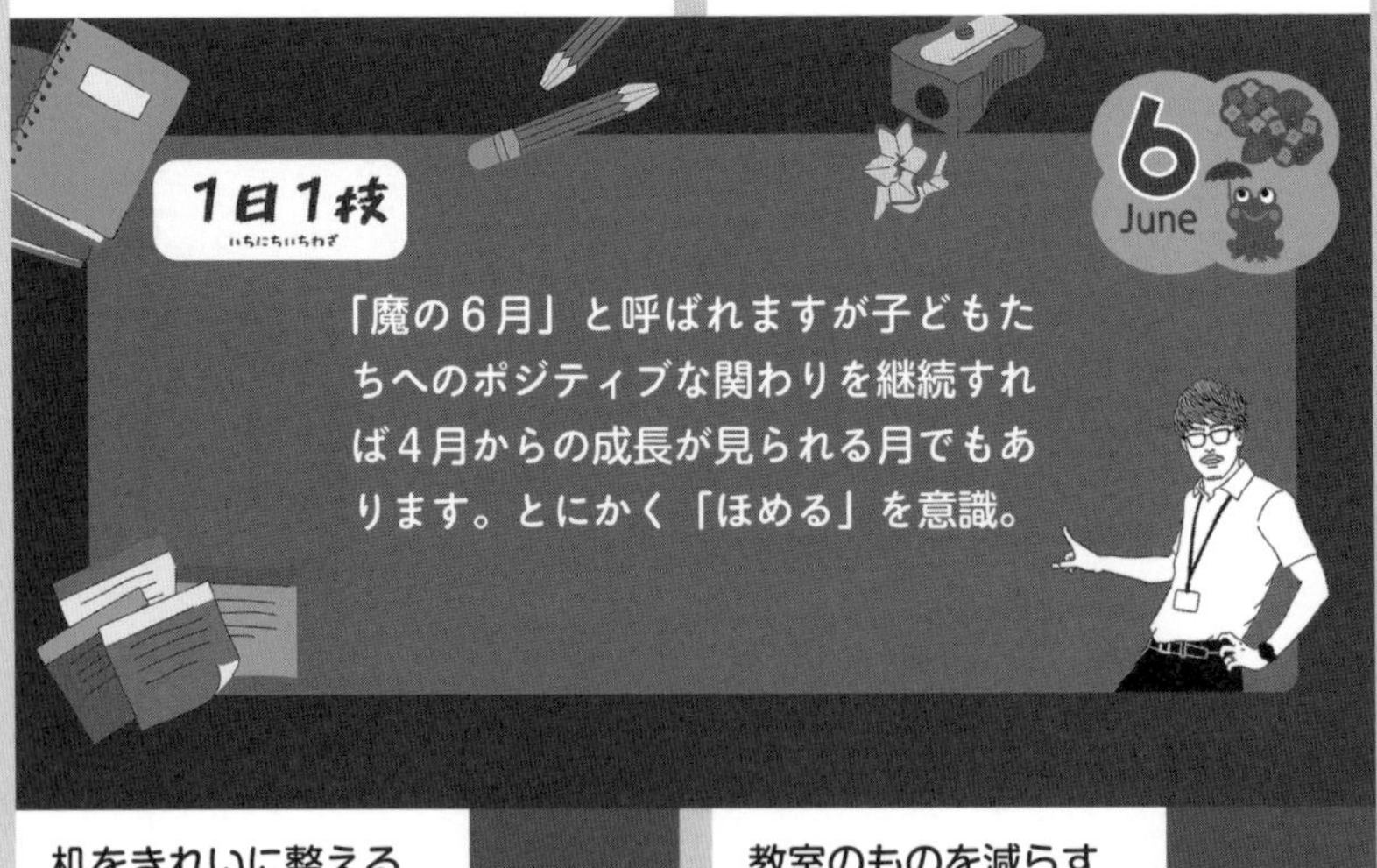

教室のものを減らす

5日(水)

子どもたちに直接指導するだけでなく「教室環境の整備」は学級を落ち着かせるためにかなり効果が大きいです。4月からものが増えたり乱雑になっていたりする部分があれば、ものを減らし整頓します。それだけで教室の雰囲気は変わります。

机をきれいに整える

6日(木)

机の縦横の列が乱れていることが当たり前になることは、学級の荒れの兆候の1つです。子どもに整頓させるのが一番ですが、担任が自ら積極的に整えていきます。床に目印をつけると、子どもたち自身で整えやすくなります。

教室掲示を常にアップデートする

7日(金)

掲示物を定期的に入れ替え、新鮮さを保つことは教室環境整備の基本。掲示する際その掲示物を外す日付を書いた付箋を掲示物と一緒に貼っておきます。そして、その日が来たら外します。掲示係の子どもも自分で気づいて仕事がしやすくなります。

注意したいことの逆を探してほめる

10日(月)

指導が必要な場面が増える時期ですが、指導や叱責ばかりになるのは避けたいところ。そこで、私語をしている子がいれば、その逆でしっかり話を聞いている子を探してほめます。それで私語をやめれば、指導でなくほめて終わることができます。

よい行動に注目する

11日(火)

どうしても注意したい、指導したい部分に目が行きます。しかし担任も4月の気持ちを思い出し、改めて子どものよい行動に注目し、価値づけを行っていくべきです。安定した学級経営のため、結局これが最も効果があると実感しています。

ノートへのコメントでほめる

12日(水)

短い言葉であっても子どもの意欲や自信を高める効果があります。ノートの内容に関することでなくとも「低学年に優しくできていたね」「…のとき手伝ってくれてありがとう」などのコメントでもOK。「先生は見ている」を伝えられます。

第三者のほめ言葉を伝える

13日(木)

「○○先生があなたの授業は上手だって言っていたよ」と言われると、大人もうれしい気持ちになります。管理職の先生や専科の先生、保健の先生などが教えてくれたクラスのよいエピソードやほめ言葉があれば積極的に伝えます。

4月からの継続的ながんばりに注目する

14日(金)

できていなかった子どもができるようになった。これは当然大事です。しかし「できることを4月から当たり前のように継続できている」子どもにも大きな注目を集めるべきです。そんな子がクラスを支えてくれています。

授業のテンポを上げる 17日(月)

授業中に子どもの落ち着きがなくなる原因の1つに「授業テンポの遅さ」があります。苦手な子に合わせてスピードを落とすことも重要ですが、メリハリをつけ、特に授業の前半は全員が安心して取り組める活動をテンポよく進めることを意識します。

45分をいくつかに区切り、授業を構成する 18日(火)

「書く」「読む」「聞く」「話し合う」など授業に多くの活動を取り入れると子どもの動きも活発になります。「5分×9」「10分×3＋15分」など45分を様々に区切って授業構成を考えると、飽きがこず、アクティブな授業にすることができます。

「しーん」とする時間を意図的につくる 19日(水)

授業で少し騒がしくなってきたときは視写、読書、アプリ学習など「しーん」と取り組める活動がおすすめ。「1分間ひと言も話さずに」など直接的な指導でもOK。そして大事なのが、その「しーん」をほめること。授業に落ち着きを取り戻します。

「最後の画から何の漢字？」ゲームをする 20日(木)

漢字ドリルなどマンネリ化しやすい活動にゲームを取り入れます。新しく学んだ漢字を最後の画から書いていき、わかったところでノートなどに書かせます。1画目から書くよりもなぜか難易度が上がり、盛り上がります。子どもに出題させてもOK。

漢字トーナメント大会で楽しく復習する 21日(金)

希望者の人数に合わせトーナメント表をつくり、対戦者2人が前へ。「伝統の統。せーの」と出題し2人に空書きさせます。ミスすれば負け。他の子は机に指書き。全員しっかり復習でき、盛り上がります。

サイコロを使って計算問題を復習する 24日(月)

算数授業ではサイコロがかなり使えるので、大きなサイズのものを用意しておきます。計算問題を復習する際に数字をサイコロで決めていくと盛り上がり、楽しみながら計算することができます。

25日（火）
単純な計算練習をゲーム化する

例えば、計算ドリルに取り組む際に「何番の問題が一番答えが大きいかな？」「これが一番間違えやすそうだなぁと思う問題は？」と投げかけたり、ペアで交互に計算して２人で１つの問題を解いたりするなど、少しの工夫で意欲は高まります。

26日（水）
拍手誘導ゲームをする

代表１人を教室外に出し、残った子どもたちで教室のもの（黒板消し、○○さんの給食袋など）を１つ決めます。代表はそれを探し、他の子は決めたものに代表が近づくほど拍手の音を大きくしていきます。拍手があふれ、いい雰囲気で楽しめます。

27日（木）
しりとり時限爆弾ゲームをする

ペアでタブレット１つを用意し、タイマーをセット（２分ぐらい）して、タブレットに「しりとり→りんご→ごま…」と交互に書き込んでいきます。タイマーが鳴ったときタブレットを持っているとアウト。

28日（金）
３回目ぴったんこゲームをする

お題（例えば赤いもの）を聞き、３～４人グループで向き合って「せーの」に合わせてお題に合う言葉を言います。３回目の「せーの」で全員同じ言葉を言えるかどうか。気持ちを読み合いながら楽しみます。

29日（土）
放課後に行う仕事の順序を決めておく

放課後の時間は限られます。「①テスト、ノートチェック、②期限あり事務仕事、③校務分掌仕事、④授業準備」など何をするかを順序立てて決めておくことがおすすめ。「えーっと何しようかな…」を防げます。

30日（日）
放課後に５分、所見を書く時間を設ける

どれだけ忙しくても放課後に５分は必ず所見を書く時間を設けます。その日に起こったリアルな情報を書き残すことができますし、コツコツと書きためていくことが学期末に向けた大きな準備になります。

ポジティブな議題で話し合うようにする

6月になると、学級の中で様々な問題や要改善点が浮き彫りとなってくると思います。「魔の6月」などと言われるように、中だるみしてくる時期でもあるので、それらを早めに解決するために、学級会などで子どもたちと話し合うこともあるでしょう。

ただ、教師から「…してはだめ」「…は禁止」と指示するだけでなく、子どもたち自身がこれからどうしていくべきかを考えた方が行動は変わりやすいです。

しかし、こういったときに子どもたちが話し合うと、「掃除をさぼっている人がいる」「トイレのスリッパがバラバラ」「休み時間のけんかが増えている」「教室の整理整頓ができていない」など、とりあえず「問題」がたくさんあげられます。

そして、「掃除をさぼる子がいたら注意したらいい」や「スリッパがバラバラなら気づいた人が直したらいい」など、**ネガティブな状況が再び起こる前提での話し合いになっていきがち**です。

こういった話し合いも当然必要です。しかし、それよりも大事なのは「なぜスリッパがバラバラになるのだろう」「なんで掃除をさぼる人がいるんだろう」「なぜけんかが起こるのだろう」といった、**問題の核心の部分**です（これらは、子どものみが考えるべきことではなく、教師も考えるべきことです）。ここまで突き詰めなければ、結局は対処療法的な話し合いに終始してしまいます。

では、どうすれば核心に迫る話し合いができるのでしょうか。

私は「スリッパを並べたくなるには？」「みんなの掃除へのやる気を高めるには？」「みんなが仲良く遊べるには？」「教室をいつもきれいに保つには？」など、**「理想的な状態」を議題とする**ようにします。こうすると「スリッパがバラバラなときには…」ではなく、「なんでスリッパがバラバラになるんだろう」という問題の核心の部分の話し合いに自然になっていきます。

また、ネガティブな状況を減らすためではなく、ポジティブな目標へ向けての話し合いなので、子どもから発せられる意見も前向きなものが多くなり、雰囲気がよくなります。ですから、まずは「理想的な状態」を目指した話し合いを行い、その後に「そうならなかった場合どうする？」という流れがよい話し合いになると考えています。

教室掲示を常にアップデートする

掲示物が何週間も同じなのは、学級経営上の黄色信号です。常に同じポスターや掲示物のままのお店を見たら、少し心配してしまいますし、行ったときの新鮮さは感じられませんよね。

クラスでも同じで、掲示物がずっと同じままなら、クラスの雰囲気はよどみ、マンネリ化した空気感が漂います。そんな中では子どもたちの学習に対する意欲は高まりません。

ですから、**掲示物を定期的に入れ替え、新鮮さを保つことは、教室環境整備において非常に重要**です。

ただし、掲示物を定期的に変えることはかなり大変であることも理解しています。クラスの人数が多ければ多いほど、です。ですから、ある程度の工夫が必要です。

私がクラスの掲示物で意識していることを7つ紹介します。

①何を掲示するかを明確にする

その時々に、思いつきで掲示するしないを決めていると、どうしても定期的に入れ替えるのは難しくなります。そこで、「絵画」「習字作品」「授業で作成したワークシート」「優秀な自主学習ノート」など年間を通して何を掲示するのかをある程度決めておきます。

②サイズを統一する

毎回サイズが異なるものを掲示するとなると、どう貼っていくかレイアウトから考える必要があるので、掲示に時間がかかります。そこで私は、ワークシートや新聞シートを作成する際や、子どものノートを掲示するために印刷するときにはＡ４サイズと決めています。すると、特にレイアウトを考える必要もなく、手軽に入れ替えることができます。

③掲示クリアファイルを活用する

画鋲を抜いたり刺したりするのは、簡単なようで結構時間がかかります。クリアファイルなら、画鋲を使う必要がなく、差し入れるだけで掲示が完了しますし、子どもにも任せられます。

④頻繁に入れ替える掲示物は低い場所に

高い場所に掲示すると、その後の変更が億劫になります。ですから、頻繁に入れ替えたい掲示物は低い場所に貼るのがおすすめです。子どもの手が届く場所ならば、子どもに掲示を任せることもできます。

⑤即チェック、即掲示の意識をもつ

完成後に掲示を考えているワークシートを全員分集め、放課後に内容をチェックしてから掲示しようとすると、なかなかの作業量になります。ですから、その場でチェックが可能であるならば、完成した子どもから提出させ、チェックします。そして、修正なしならすぐに掲示し、修正が必要なら修正後に掲示していくと、放課後に仕事を残すことなく、授業時間内に掲示を終わらせることができます。

⑥掲示を外す、または入れ替える日を決めておく

同じ掲示物が長い時間貼られたままにならないよう、外したり入れ替えたりする日を決めておきます。私は「○月○日（○）まで」と書いた紙や付箋を掲示物の近くに貼っておきます。目安は1週間から2週間。いつ入れ替えるのか、外すのかをはっきりさせておくと、掲示係の子どもたちも仕事がしやすくなります。

⑦子どもが自由に掲示できるスペースを用意する

自由帳などにかいた絵や折り紙でつくったものを、子どもたちはよく持って来ます。そういったものを自由に掲示できるスペースをつくると、子どもたちは喜んで掲示します。クイズや迷路をつくる、自分でつくった新聞を掲示するなど、クラスに新たな文化が生まれたりします。掲示物に常に変化が見られてクラスに活気をもたらします。

掲示物を常にアップデートするためにはこういった工夫が必要ですが、絶対に何かを掲示しないといけないというわけではありません。今掲示しているものを外して入れ替えるものがなければ、無理に掲示物をつくったりする必要もありません。**同じ掲示物をずっと貼り続けるより、外してすっきりさせた方が教室環境的にはよい**と私は思います。工夫をしながら、無理なく教室をできるだけ新鮮に保つよう工夫してみてください。

「しーん」とする時間を意図的につくる

クラスが落ち着いているかどうかを判断する1つの指標に、「だれもしゃべらない『しーん』とした状況を一定時間つくれるかどうか」があると考えています。

読書の時間、プリントに取り組む時間、ノートに自分の考えを書く時間、書写の時間など、設定された時間にひと言もしゃべらずに活動することができるならば、クラスが荒れておらず落ち着いている証拠で、たとえ少し落ち着きがなくなってきていたとしても、決められた時間、厳粛な空気をつくることができるのであれば、立て直す余地は十分あります。

「しーん」とした時間をつくるうえで大切なポイントが4つあります。

1つ目は、**そういった空気感を「意図的」につくる**ということです。「たまたま『しーん』とした時間があった」ではなく、授業の中に「しーん」とした中で取り組む活動を必ず組み入れるのです。どんなによいクラスであっても、45分間ずっと「しーん」として集中し続けることは不可能です。授業の中で「動」の時間と「静」の時間をバランスよく取り入れることで、子どもの集中力も、学習への意欲も高まります。

2つ目は、**なぜ「しーん」とした空気をつくる必要があるのかという「理由」を説明すること**です。特に高学年に対しては教師が理由を説明し、納得感を得たうえでないと、ただ「静かにしなさい」「しゃべってはだめ」と注意するだけでは反発されてしまう可能性があります。理由については、先生がよく考えたなら何でも大丈夫だと思います。「静かにするのが当たり前」と思わず、なぜ「しーん」としないといけないのか、静かにするとどんなよいことがあるのかを伝えましょう。

3つ目は、**静かさを「具体的」に伝える**ということです。ひと口に「静か」と言っても、人によってその感覚は違います。だれも話さず「しーん」とした状況を「静か」と捉える場合もあれば、多少話し声があったとしても「静か」と捉える場合もあります。ですから「どれぐらい静かにするのか」を具体的に伝える必要があります。例えば「3分間はひと言もしゃべらずにノートに書こう」といった指示は具体的です。「しーん」とした状況をつくるために「ひと言もしゃべらずにいる」という、すべきことが明確になります。さらに具体的にするには「ひと言もしゃべらず、みんなの鉛筆で書く音が聞こえるくらい静かに集中しよう」「音楽室の歌声が聞こえるくらい静かにがんばろう」など「音」にフォーカスすると、より静かさを具体的に伝えることができるのでおすすめです。

最後の４つ目、これが学級経営上最も大切です。それは**「しーん」とした状況をつくろうとしたけれど、それができなかったときに、その「理由」を分析する**ことです。「静かにしなさい」と何回注意しても静かにならないときに、子どもに原因を求めることは簡単です。しかし、静かにできなかったときには、子どものがんばりや努力とは関係のないところに、必ず理由があります。

例えば「やるべきことが曖昧で何をすればよいかわからなかった」「活動内容の難易度が高かった」「活動時間が長過ぎた」「静かに活動できるような班構成や座席配置になっていなかった」などです。特に子どもは、活動内容に不安を感じるとしゃべってしまったりゴソゴソし始めたりする傾向があります。安心して取り組める内容、または熱中して取り組める内容であるならば、子どもたちの集中力は高まり、自然と静かになります。ですから、授業展開や指示の言葉、活動内容や教室環境などを自ら振り返り、改善していくことはとても重要です。

これは静かにさせるときだけでなく、学級経営のすべての場面において必要なマインドだと思います。注意・指導は当然しつつも、「なぜ授業で発表が少ないのか」「なぜ休み時間のトラブルが多いのか」「なぜ給食の残食が多いのか」など、その根本的な原因を考え、そして教師側が積極的に改善していくことは非常に重要で、かつ教師として成長するうえでも必要なことだと考えています。

これら4つのポイントを意識しながら、毎回の授業の中で「しーん」とした状況をつくってみてください。意図的につくることができれば、クラスや授業が大きく荒れることはないです。**「この静かさ、いいね」「○年生とは思えないすごい集中力だ」としっかり価値づけることも大切**です。

「しーん」とした時間をつくるうえで大切な4つのポイント

①「しーん」という空気感を「意図的」につくる

②なぜ「しーん」とした空気をつくる必要があるのかという「理由」を説明する

③静かさを「具体的」に伝える

④「しーん」とした状況ができなかったときに、その「理由」を分析する

放課後に行う仕事の順序を決めておく

子どもを下校させた後の放課後の時間は、様々な仕事を進めるうえで非常に貴重です。しかし、打ち合わせが入ったり、保護者からの急な連絡が入ったりすると、あっという間に勤務時間終了となります。

ですから、放課後はできるだけ無駄な時間を省き、計画的に仕事を進めたいところです。そのためには、放課後に職員室に戻って「え〜っと、何からしようかな…」と考えるのではなく、すぐに仕事に取りかかれるよう、**毎日放課後に行う仕事の「順序」を決めておく**ことをおすすめします。

私は、次のような順序で放課後に仕事を行うようにしています。

①保護者連絡、欠席者への連絡
②通知表所見（10分）
③テスト採点、ノートチェック
④期限のある事務仕事
⑤校務分掌に関する仕事
⑥授業準備
⑦学級通信

まず、連絡が必要な家庭があるならば、すぐに電話連絡をするようにします。欠席者への次の日の持ち物や、トラブルが起こった場合など、保護者への連絡は最優先で取り組みます。

そして、毎日必ず行うのが通知表の所見を書くことです。学期末に焦ることがないよう、日々書き進めます。ただし、なかなか終わりが見えない仕事なので、ダラダラと進めることがないよう、私は**「10分」と時間を決めて行う**ようにしています。

次に、テスト採点、ノートチェックですが、これについては、できるだけ子どもがいる間に終わらせるように努め、残ったものを放課後に行うようにします。**子どもから提出されたものは即採点、即チェック、即返却を心がけます。**その意識が放課後の働き方を楽にします。

この後は事務的な仕事に取りかかります。期限があるものはできるだけ早くに提出します。校務分掌の仕事は学校全体に関わるので、計画的に進めていきます。

そして最後に授業準備、学級通信に取りかかります。

学級通信を最後にするのは、作成に結構時間がかかるからです。保護者が目にするものなので、文章にかなり気を配りますし、写真を貼りつける際にも、どの写真にするか、どんな配置にするかを考えなければいけません。ですから、時間に余裕があるときに通信作成を始めると、ダラダラと作業をしてしまう傾向があります。そこで、私は最後に取りかかることにしています。退勤時間を決め「あと○分で完成させる」と目標を決めて作成します。

もしその時間内に終わらなければ、無理に次の日に配付することはしないようにします。働き方を変えていくためには、こういった割り切りもある程度は必要ではないかと思っています。

そして、①～⑦の中で、私が一番大事だと考えているのが、⑥授業準備です。教師の最も大切な仕事は、やはり授業です。ですから、授業の準備に教師は一番時間を割くべきだと考えます。

しかしどうでしょう。

先生方は授業準備に一番時間をかけることができているでしょうか。現実はなかなか難しいように感じます。それだけ他の業務が多く、大変であるということです。

私が放課後の仕事の順序を決めているのは、当然仕事をスムーズに進めるためですが、授業準備に一番時間を割くためでもあります。そのために、計画的に作業の時間を決めるなどしながら仕事を進めていきます。

仕事の進め方に正解はないので、ぜひ先生方の働き方や学校の実態に合わせて、放課後の仕事の順序を決めてみてください。

放課後の働き方が変わります。

1日(月)
けんか等の聞き取りは周りの子どもから行う

　トラブルが起こった際には、起こったことをいかに正確に把握するかが重要になります。そのためには当事者に聞く前に、まず直接関係はないが周りで見ていた子どもたちから先に聞くようにすると、より事実を把握しやすくなります。

2日(火)
けんか等の聞き取りは１人ずつ行う

　トラブルが起きた際の聞き取りで、関係する子どもを一堂に集め話を聞く場面を見かけることがありますが、「１人ずつ聞き取る」が鉄則だと考えます。周りの話に流されず、しっかりと自分の言葉で話せる環境づくりは、トラブル解決には重要です。

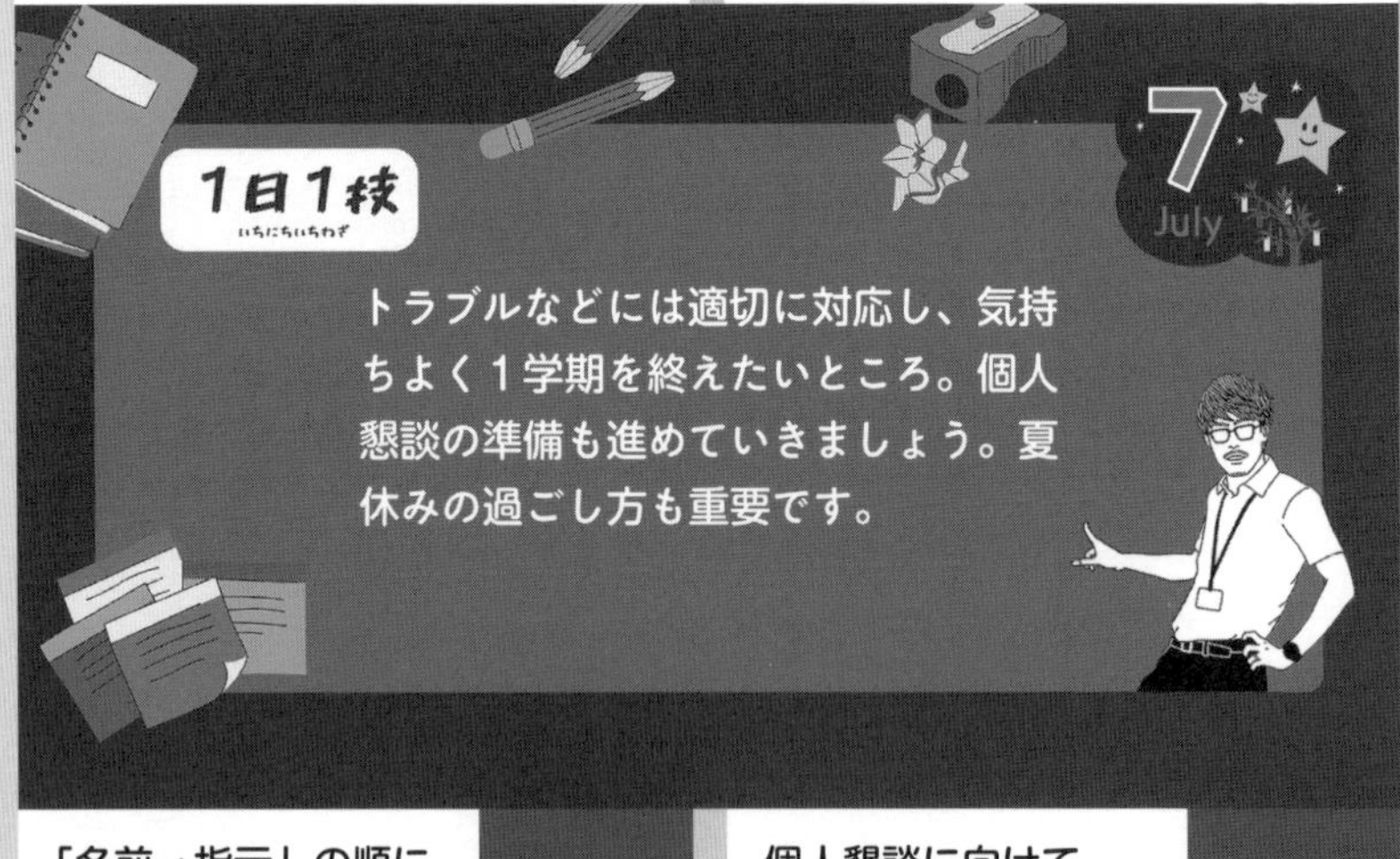

3日(水)
個人懇談に向けて写真を積極的に撮る

　夏休みの個人懇談に向けて多くの写真を残しておきます。全体を撮影するのではなく個人個人の活動の様子がわかるように撮影します。言葉だけで語るのではなく、写真とともに子どもたちの様子を伝える方が、何倍も保護者に伝わります。

4日(木)
「名前→指示」の順に指示する

　どれだけ集中力が切れたり、私語をしていたりしても、自分の名前を呼ばれたら反応してしまいます。なので「今日の日直は○○さん」ではなく「○○さん、今日、日直です」の方が指示が通りやすくなります。指示が通りにくい子におすすめです。

宿題の丸つけをする箇所を限定する
5日(金)

この時期は宿題の丸つけを少しずつ子どもに委ねていきます。すべてを任せるのではなく、担任も「間違いやすい問題」「次の単元への重要な問題」など限定してチェックします。朝にゆとりが生まれ、子どもの自己学習力を育てることができます。

手伝いを平等にお願いする
8日(月)

5月に「子どもにお手伝いをお願いする」を紹介しましたが、この時期になるとお願いする子や手伝ってくれる子が固定化しがちなので、固定化しないように平等にお願いします。すると、担任を悩ます「あの子」のよさが見られることがあります。

聞き手を見ながら発表を聞く
9日(火)

発表の際の話し方に上達が見られれば次は聞き手も育てたいところ。子どもが発表する際に教師はどうしても発表者に注目しがちですが、耳は発表者に傾け、目線は聞き手に向けます。しっかり聞けている子を評価することで聞き手が育ちます。

教師が話す時間を前もって伝える
10日(水)

教師の話をなかなか最後まで聞いてもらえないという悩みがあるなら「○秒（分）話します」と宣言すると集中力アップにつながります。私は実際にタイマーで時間を示しながら話します。時間ぴったりなら子どもが「お～っ」となります。

ほめた後に質問する
11日(木)

「すごいですね。どうやったらできるんですか？」と質問されたら大人でもうれしいもの。そこで子どもにも、ほめた後「どこを工夫したの？」「どこで知ったの？」「成功するコツは？」と質問します。「別に…」となったとしても喜んでいます。

不適切な言動に余裕をもって対応する
12日(金)

余裕がなくなってくる学期末のこの時期こそ教師は余裕をもって子どもに接したいもの。「こんなんやりたくねー」などの腹が立つ言動にも「はっきりと自分の意見を言えるのはすごいよ」などと。直接的な指導よりも効果が見られることもあります。

すきま時間には学習アプリを活用する

16日（火）

算数などの積み上げ教科は２学期に向けてしっかり復習したいところ。しかしどうしても個人差が出てしまうので、AIドリルや学習アプリを活用します。この時期にすきま時間にも静かに過ごすことができるクラスは、落ち着いている証拠です。

個人懇談へ向けてアンケートをとる

17日（水）

１学期の勉強面、生活面でがんばったこと、印象に残っているエピソード、夏休みの目標、２学期に向けてがんばりたいことなどを子どもにできるだけ具体的に書かせます。夏休みの個人懇談でも貴重な資料となります。

子ども同士でお楽しみ会を振り返らせる

18日（木）

お楽しみ会を「楽しかった」で終わらせず、学びの機会にするためにも、しっかり振り返る時間を取ります。それぞれの出し物について「よかった点」と「こうだったらもっとよかったかも」を発表させます。２学期のお楽しみ会につながります。

お楽しみ会を評価する

19日（金）

お楽しみ会の後には担任からの評価を伝えます。「協力」「全員が楽しむ」「準備・片づけ」など観点を決めてルーブリックを作成し、それぞれの出し物に対して評価を行います。お楽しみ会をお楽しみ会で終わらせず、よりよい学級経営につなげます。

子どもが立てた学期目標を振り返らせる

22日（月）

４月につくった学期目標。「つくって終わり」ではなく、学期の終わりに振り返りを行います。できれば個人で振り返るだけでなく、小集団や全体の前で、言葉で振り返らせることをおすすめします。２学期に目標を考える際の意識が変わってきます。

具体的にがんばりを伝えながら通知表を渡す

23日（火）

通知表を渡すときは廊下に机といすを用意し、１人ずつ呼んで渡します。１学期のがんばり、そして２学期にどこをどう伸ばせばよいのかを具体的に話します。子どもの心配や希望も共有し、全員すっきりした気持ちで学期を終えられるようにします。

24日(水)

懇談待合室で写真をスライドショーで流す

個人懇談の待合室では１学期に撮影した写真をスライドショーにして流しておきます。行事での写真はもちろんですが、普段の授業や休み時間、給食の様子などの写真は評判がよいです。

25日(木)

個人懇談では保護者に安心してもらう

個人懇談では学校での子どもの様子やがんばり、成長などを伝えることを通して保護者に安心してもらうことが大切です。保護者の安心は子どもの安心、そして学級の安定にもつながります。

26日(金)

個人懇談では具体物を示しながら話す

個人懇談で子どものがんばりやエピソードを話す際、言葉だけでなく具体物を示しながら話すと説得力が上がります。テストのコピー、作文、ワークシート、制作物、写真などを見せながら話します。普段からストックしておくことをおすすめします。

29日(月)

個人懇談で話した内容を記録しておく

個人懇談が終わるとほっとした気持ちになりますが、忘れないうちに内容をしっかり記録しておきます。家での様子や学校では見せない顔、子どもの好みなどは２学期以降の学級経営や子どもとの関係づくりに大いに役に立ちます。

30日(火)

２学期の授業準備を７月中に始める

夏休みの７月中に、２学期の授業準備を始めます。１学期が終わった勢いのまま、２学期スタート後１週間ほどの授業を準備します。７月中に「いつ２学期が始まっても大丈夫」という状態にしておくと、心穏やかに夏休みを過ごすことができます。

31日(水)

教室整理を７月中に始める

授業準備と同様に、教室の掃除や２学期に向けた整理も７月中に始めます。夏休みの課題提出場所もいつ子どもたちが来てもよいように整えます。夏休みになり教師もひと息つきたいところですが、もうひとがんばりが充実した夏休みにつながります。

7 July

「名前→指示」の順に指示する

「今日の日直は○○さんです」「5段落を○○くん読んでくれる?」

こういった指示は伝わりにくい可能性があります。

なぜか。それは、**指示の後に名前が来ているから**です。

どれだけ集中を切らしていても、話を聞いていなかったとしても、自分の名前が呼ばれれば反応してしまいます。心理学では「カクテルパーティー効果」と呼ばれています。騒がしい場所であっても、自分の名前や興味関心がある話題は自然に耳に入ってくるという心理効果。電車やバスでウトウトしているときに、自分が下りる駅がアナウンスされてはっと気づく経験をした方もいらっしゃるのではないでしょうか。それと同じです。

ですから、クラスでもそれを活用し、意識をこちらに向けたいときに名前を呼ぶことは効果的です。しかし名前を呼ぶ前の情報は聞き取れていない場合が多いので、

「○○さん、今日日直です」「○○くん、5段落を読んでください」

と「名前→指示」の順番に指示を与えると、より伝わるようになります。

また、名前を読んだ後すぐに指示を出すのではなく、**2〜3秒ほど沈黙を入れると、より意識がこちらに向き、指示が通りやすくなります。**

この方法は、指示のときだけでなく、ほめるときにも効果的です。むしろほめるときにこそ使うべきです。私は授業の終わりに、よい発言があった子ども、話を聞けて集中できていた子ども、友だちを助けるなど協力できていた子どもなど、1時間でがんばりが見えた子どもをほめるようにしています。「今日の授業のＭＶＰ」として、「〇〇くん、〇〇さん、〇〇さん、（2秒ほど沈黙）君たちは今日のグループ活動のときに友だちの意見もうなずきながら聞くことができていたね」のように伝えます。名前を呼ぶことで話を聞く意識が高まり、ほめ言葉もより伝わります。

少し騒がしいときに、名前を呼んでほめることもおすすめです。子どもたちは名前を呼ばれるとドキッとします。「名前を呼ばれる＝怒られる」とインプットされている子どももいます（これは大人の責任で、よくないことだと思います）。ドキッとしたところで、「今日の…、とてもよかったよ」とほめると、ホッとする感情とともに喜びも大きくなります。ぜひ名前をたくさん呼んで、たくさんほめてあげてください。

お楽しみ会を評価する

学期末にお楽しみ会を開くクラスも多いと思います。子どもから、

「せんせー、今年はお楽しみ会しないの？」

と何度も質問されることもあるでしょう。

お楽しみ会は何のために行うのでしょうか。子どもからせがまれるから？　それとも「そんなんじゃお楽しみ会しないよ！」と子どもに発破をかけるため？

授業時間を使って行うのであれば、ただ「お楽しみ会を開く」ことを目的とするのではなく、「なぜお楽しみ会をするのか」を子どもと共に考え、学びの場とすることが大切です。**お楽しみ会は、子どもたちが大きく成長できる、貴重な機会**です。

何しろ、お楽しみ会自体が子どもたちにとって魅力的なので、教師側の工夫や手立てを講じる必要はなく、子どもたちは自分から主体性を発揮して動きます。そのパワーにはいつも驚かされます。ですから、そこに明確な目的を与えることで、大きな成長の場とすることができます。

「お楽しみ会は授業の時間を使って行うものだから、ただ『楽しかった』で終わっては困るよね？　授業と同じように、目標やめあてをもって、その達成に向けてみんなでがんばる時間にしなければいけないね」

子どもたちにはこのように話をします。そして、「それができないのであれば、お楽しみ会はできないよ」とまで私ははっきり伝えます。これで「じゃあやらない」とは絶対にならないので、子どもたちは話し合います。

まず、どんなお楽しみ会にしたいのか。「全員が楽しめる」「みんなが気持ちよく過ごせる」「だれひとり嫌な気持ちにならない」「けんかのない」のような意見が出るでしょう。そして、その目標を達成するためにどうするべきか。「ルールをわかりやすく」「苦手な子も楽しめるように」「クイズはみんなが知っていることを話題に」などが出るでしょう。私は「お楽しみ会プロジェクト」のような掲示物をつくり、そこに子どもたちが考えた目標を書いて掲示しておきます。

子どもたちに示す目標は、このような過程でつくっていきますが、私自身は別の目標をもちます。それは**お楽しみ会を「自治的集団」をつくるために行う**というものです。

例えば、1学期に休み時間のトラブルが多かったとします。担任がいるときには特に問題は起こらないけれど、担任がいないときによくけんかなどのトラブルが起こる場合、教師としては自分たちの問題を自分たちで解決する意欲やスキルを身につけてほしいと感じるはずです。そういった場合には、お楽しみ会での「全員が楽しめるように」や「苦手な子やルールに配慮して」という経験が生きます。

それ以外にも「授業でのグループ活動をより活発にするために」「給食や掃除でより協力し合えるように」「担任がいないところでも自分たちで考えて動けるように」など、お楽しみ会での経験や学びを他の場面でも発揮できるよう、教師自身がねらいをもちます。これぐらいの意図をもってお楽しみ会を行えるとよいのではないかと思っています。

そして、大事なのはお楽しみ会が終わった後です。

目標が達成できたかどうかを振り返る時間を必ず設けます。子どもたち自身が考えた目標に加えて、**お楽しみ会の準備をスタートする前に私から3つほどの観点を与えて点数化して評価することも伝えておきます。**クラスの実態によって変えるのですが、「協力」「全員が楽しむ」「準備・片づけ」のような観点を決め、それぞれ3点満点で点数化します。ルーブリックにまとめて子どもに示すこともあります。例えば「協力」という観点ならば「協力できていない」が1点、「協力できている子、協力できていない子がいた」が2点、「みんなで協力できていた」が3点、というように示します（当然、「協力できる」とはどういうことかも具体的に伝えます）。「全部で○点以下だったら2学期はしないかもね」と子どもの意欲を上げるために言うこともあります。

点数化するにしろしないにしろ、担任からの「お楽しみ会はどうだったか」の評価は、お楽しみ会を学びの場にするうえで絶対にするべきだと思います。先ほど述べた自治的集団を目指すためにも「お楽しみ会でできた○○は、□□のときにも生かせるよね」と教師から示すこともできます。よい面を評価するのは当然ですが、「2学期に向けて…できたらもっといいよね」と改善すべき点を述べることも大切です。

	3点	2点	1点
協力	○		
全員楽しむ	○		
準備・片づけ		○	

7 July

2学期の授業準備を7月中に始める

1学期が終わって夏休みが始まるとほっとしますね。1学期は年度のスタートですから、ストレスや負担も大きかったと思います。

「ふぅっ」とひと息つきたい気持ちは重々わかるのですが、ちょっと待ってください。「2学期の授業準備をすぐに始めてみてはどうですか」というのが私の提案です。

理由は2つあります。

1つ目は**「一度切ったエンジンが温まるまでには少し時間がかかるから」**です。夏休みにゆっくりするのはまったく構わないのですが、8月中頃になって「そろそろ準備するかな…」と取りかかったとき、なかなかエンジンがかからず仕事を進められないという経験があるのは、私だけではないと思います。

夏休み後半は、授業準備だけでなく他の事務仕事や打ち合わせが入ってくると思います。そうこうしているうちに「夏休みもあと3日…」「授業準備ができていない…」ということになりがちです。

ですから、1学期の勢いそのままに、エンジンを切らないで2学期の授業準備を行います。周りからは「もうやってるの？」「ゆっくりしなさいよ」なんて声をかけられることもあるかもしれませんが、気にしません。ひと息つく前に取りかかり、「7月中にここまでする」という目標をつくって取り組むことが、2学期の自分を助けます。

2つ目は**「心穏やかな夏休みを過ごすため」**です。夏休み中は余裕をもってゆっくり過ごすことができますが、やるべき仕事が残っていると「まだたくさん仕事残っているな…」「お盆休みが終わったらやることいっぱいだな…」と心のどこかで引っかかってしまいます。しかし、7月中に2学期の準備を進め「いつ2学期がスタートしても、たとえ明日でも大丈夫」という状態にしておくと、心に余裕をもって休みを満喫することができます。私は7月中に、最低でも2学期スタート後の1〜2週間分の授業準備をするようにしています。

「夏休みぐらいゆっくりさせて」というご意見、非常にわかります。しかし、学級経営上重要である2学期へ向けて、1学期終了後のもうひとがんばりが、必ずよい影響を及ぼすと私は思っています。

1学期の学級経営を振り返る　1日(木)

4月に考えた「どんな学級にしたいか」「どんな子どもに育てたいか」と比較し、クラスの現在地を客観的に評価します。うまくいっている所は継続し、うまくいかなかった所は「なぜうまくいかなかったか」を分析し、2学期の手立てを考えます。

教材研究、授業準備を行う　2日(金)

2学期スタートから2週間～1か月分の授業準備は済ませておきたいところです。それが完了したら1教科に絞り、その教科だけ2学期分の授業準備を終わらせます。「あの教科は2学期分準備が終わっている」は、かなりの余裕を生みます。

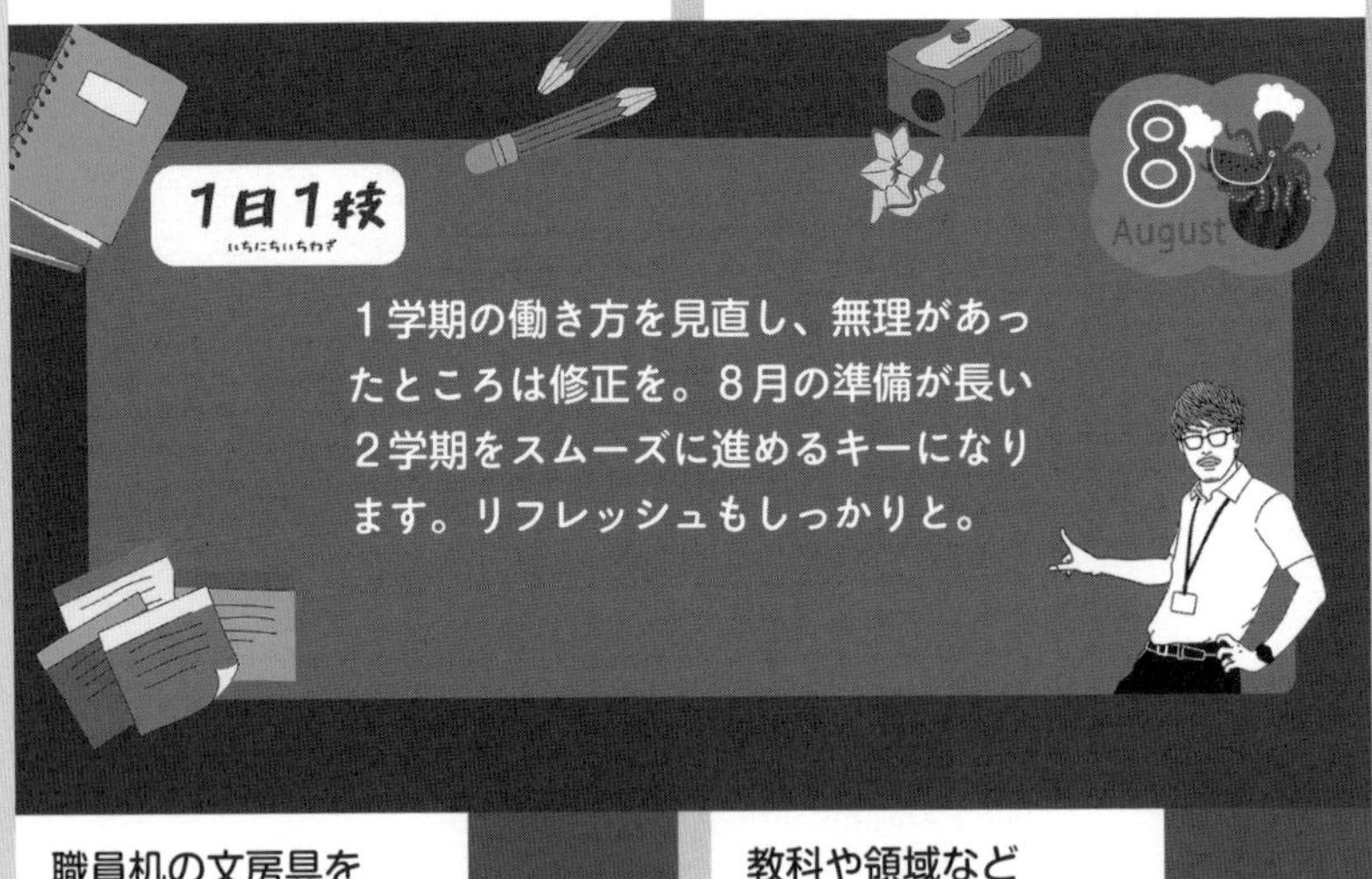

教科や領域などテーマを絞って学ぶ　5日(月)

夏休みは自己研鑽の時間も確保します。私は「算数」「生徒指導」「主体的な学び」など、学ぶ内容を絞って書籍を購入したり、セミナーへ参加したりしています。何を学ぶのかを焦点化した方が自分自身の専門性を高められるのでおすすめです。

職員机の文房具を減らす　6日(火)

机の引き出しに文房具を大量に保管している方はいらっしゃらないでしょうか。そのうちどのぐらいを使っているかと考えてみると、ほとんどは使っていないことがわかります。1学期間使わなかった文房具は思い切って机から取り出します。

残しておきたい書類をPDF化する

7日(水)

整理整頓を意識せず過ごしていると書類はどんどん溜まっていくので、時間に余裕がある夏休みに整理することをおすすめします。「いつか使うかも…」のような資料があるなら、PDF化してパソコンなどに保存すると、デスクがかなりすっきりします。

データを整理する

8日(木)

文房具やオフィス家具で有名なコクヨが2022年に行ったアンケートによると、仕事において探し物に充てている時間は年間で50時間以上にも及ぶそうです。パソコン内のファイル探しでも「あのデータどこいった？」とならないように整理します。

自分自身の働き方を見直す

9日(金)

私は教師として最も時間を割くべき仕事は「授業準備」だと思っています。そこに時間をかけることができないなら、どこかに無理があった可能性があります。「学級通信を毎日出す」「丸つけはすべて教師」などを思い切ってやめることも考えます。

AI活用方法を模索する

12日(月)

様々な業務においてChatGPTを使用しています。プロンプトと呼ばれる指示や質問の方法を学べば、文章作成やエクセルでの表の作成などにおいて、かなりの時短になります。教師としての悩みをAIに聞いてみるのもいいかもしれません。

スケジュール、ToDo管理を見直す

13日(火)

「予定を忘れた」「子どもに伝え忘れた」「提出期限に遅れた」等があるなら予定の管理方法を見直します。「紙かデジタルか」ではなく、私は両方です。予定ややるべきことが入れば「紙手帳→カレンダーアプリ→リマインダーアプリ」に記録します。

ショートカットキーを学ぶ

14日(水)

Ctrl＋Cで「コピー」、Ctrl＋Zで「元に戻す」など、ショートカットキーを使い始め、資料作成のスピードが上がりました。使い始めは「マウスの方が早い！」となりますが、すぐに慣れます。時間のある夏休みに挑戦してみましょう。

2学期以降のプライベートの予定を入れる

15日(木)

「家族で旅行」「友だちとの食事会」「好きなチームのスポーツ観戦」など、2学期以降自分自身がワクワクするような予定を夏休み中に立てるようにしています。プライベートを充実させることは、仕事へのモチベーションを上げるためにも重要です。

タイピングのスキルを上げる

16日(金)

教師の業務として、文章を作成する場面は非常に多いです。タイピングが速いと作業効率が高まります。web上に無料で練習できるサイトが多くあるので、時間に余裕がある際に、ブラインドタッチなどを練習することをおすすめします。

夏休みの出来事などを写真に残す

19日(月)

夏休みに訪れた場所や食べたものなどを写真に残しておくと、授業などで何かと使えます。後述の「夏休み先生クイズをつくる」でも活用できます。○○スーパーへ買い物、地域のお祭りなど子どもにも関係する写真の方が紹介の際に盛り上がります。

iPadなどのICT機器の購入を考える

20日(火)

私はiPadを使用しています。iPadを購入し、活用し始めてからは、仕事をかなり効率的に進められるようになったと実感しています。個人情報に関わるもの以外の資料や教材を1つにまとめて持ち歩くことで、かなりの働き方改革になりました。

授業に使えるアプリを試してみる

21日(水)

最もおすすめしたいのがKahoot!です。学習内容の復習など「個別最適な学び」の場面はもちろん、教科の単元や使い方次第では「協動的な学び」の場面でも活用できます。また、算数の授業ではMathigonもおすすめ。視覚的な理解を促せます。

2学期分の常時使用するプリント類を印刷する

22日(木)

音読カード、計算・漢字プリント、道徳ワークシートなど、常に使うプリントは2学期分一気に印刷してしまいます。ちょっとしたことですが、「不足して印刷することを考えなくてよい」ことが、他の業務へ集中するための時間と余裕を生み出します。

夏休み先生クイズをつくる　23日（金）

2学期初日に楽しく学級をスタートするため、夏休みの出来事を3択クイズなどで示すと盛り上がります。体験ができない子もいるので、旅行などは取り上げません。「先生が食べたかき氷の味は？」のような問題でも子どもは喜びます。

2学期初日の「語り」を考える　26日（月）

2学期初日は学級開きと同じ気持ちで臨みます。前日までに原稿もつくります。ただし内容は4月学級開きとほぼ同じ。その内容の中でうまくいかなかったものがあるなら「先生も徹底できず申し訳ない。2学期はさらに意識してがんばろう」と話します。

不登校、休みがちだった家庭に連絡する　27日（火）

夏休み終盤に、1学期に気になる理由で欠席が多かった家庭に連絡します。様子を聞くことで安心して登校するための手立てが打てることもあります。1学期の終わりに「夏休みに連絡させていただいてもよろしいですか」と聞いておくようにします。

黒板にメッセージを書いておく　28日（水）

1学期に子どもたちががんばったことや成長した所を黒板に書きます。「2学期がんばろう」ではなく、まずは1学期のがんばりを認め、ほめることで意欲を高めます。「1学期これだけのことをがんばってきた君たちに会えてうれしい」と伝えます。

黒板に1日の流れを書いておく　29日（木）

メッセージだけでなく2学期初日のスケジュールや配付物も黒板に書いておきます。夏休み明けは、不安の中で登校する子も多いですが、1日の見通しが立てば安心できる子もいます。教師も初日は緊張するので、配付忘れなどうっかりも防げます。

始業式前最後の出勤日に教室整備を徹底する　30日（金）

1学期に学級経営でうまくいかなかったことがあっても、2学期は再び1からスタートできます。子どもも新たな気持ちで登校するので、立て直しは十分可能です。そのためには、環境を整えることが必須です。4月以上の教室整備に努めます。

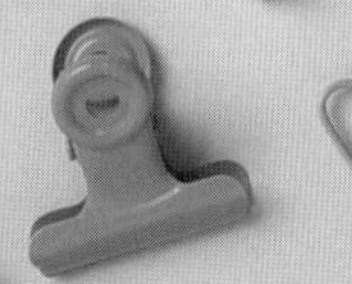

自分自身の働き方を見直す

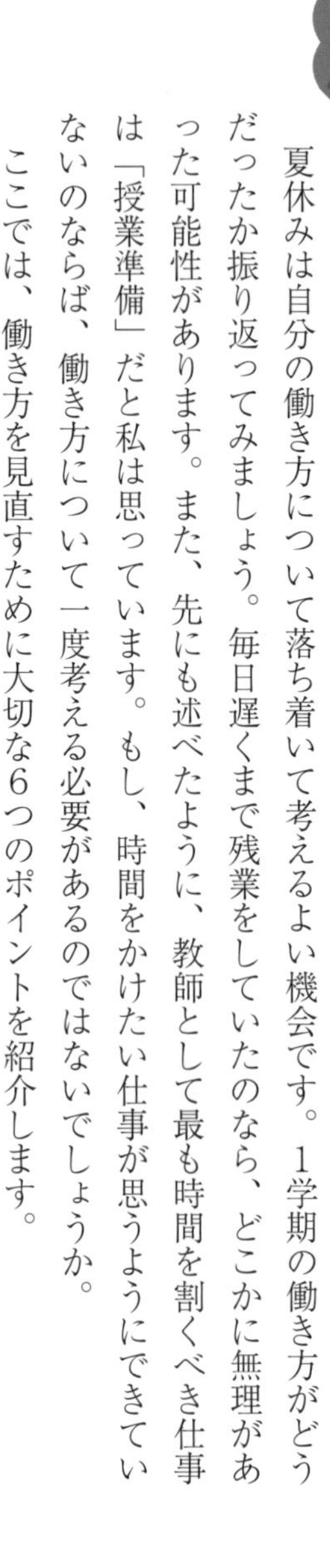

夏休みは自分の働き方について落ち着いて考えるよい機会です。1学期の働き方がどうだったか振り返ってみましょう。毎日遅くまで残業をしていたのなら、どこかに無理があった可能性があります。また、先にも述べたように、教師として最も時間を割くべき仕事は「授業準備」だと私は思っています。もし、時間をかけたい仕事が思うようにできていないのならば、働き方について一度考える必要があるのではないでしょうか。

ここでは、働き方を見直すために大切な6つのポイントを紹介します。

①日々の業務を書き出してみる

日々の業務を一度全部書き出してみてください。「丸つけ」「授業準備」のような大きな枠ではなく「テスト丸つけ」「プリント丸つけ」「ドリル丸つけ」「算数準備」「国語準備」など、できるだけ細かく書き出します。「保護者連絡」「打ち合わせ」など、自分1人で完結しない仕事もあげます。すると、相当な量の業務になるのではないでしょうか。漠然と「忙しい」という状況を、具体的に「見える」化すると、改善案も自然と見えてきます。

②絶対に避けられない業務を把握する

日々の業務の中には、「打ち合わせ」「保護者への連絡」「出張」など、どうしても避けることができない仕事があります。これらの時間は、自分の意思で時間や内容をコントロールすることはできません。ですから、働き方を見直すためには、これらの仕事以外の、自分でコントロールできる仕事にフォーカスしなければいけないということです。

③子どもに任せられないかを考える

子どもに任せられる仕事は積極的に任せてみましょう。担任が行うちょっとした仕事も、日直や係の仕事に組み入れることで、ゆとりが生まれることがあります。

④放課後までに終わらせられないか考える

放課後に行っている仕事の中で、子どもが下校するまでにできるものはないかを考えます。まず、授業の中で終わらせられるものはないでしょうか。ノートチェックやドリルの採点は「できた人から提出」とすれば授業内でチェックができます。先にも述べたように、掲示も授業中行えるものがあるでしょう。

また、宿題チェックを放課後になってまで行っている場合などは、朝の時間や休み時間の使い方を見直す必要があるかもしれません。

⑤優先順位をつける

ここまでのチェックでまだ残っている仕事の多くは放課後に行うことが多いでしょう。この中で、特に自分が大切だと思っている順に優先順位をつけていきます。私は「授業準備」に一番時間を割きたいので、そのために他の仕事を調整します。

⑥教師の「べき」を疑う

「そんなこと言っても、どの仕事も大事だから優先順位なんかつけられない」という方もいらっしゃると思います。わかります。子どものためを思う教師の仕事には終わりがなく、どれも大切に思えます。

しかし、ここで一度考えていただきたいことがあります。教師の仕事の最大の目的は「子どもを成長させる」ことです。果たして今行っている仕事は、子どもの成長のために必要なのでしょうか。

教師の世界には様々な「べき」があります。「宿題は毎日出すべき」「丸つけは教師がするべき」「学級通信は定期的に出すべき」などです。**本当にその仕事が必要なのかどうか、子どもの成長につながるのかどうか、一度振り返ってみることは非常に大切**です。振り返ったうえで「必要ないかもしれない」「効率的でないかもしれない」と感じた部分は変えてみたり、思い切ってやめてみたりすることも1つの手です。

働き方を変えていくためには、他にも「残業することを当たり前としない」「仕事を時間で区切る」「便利なツールを活用する」などの方法があります。自分に合った働き方改革をぜひ行ってみてください。

ＡＩ活用方法を模索する

皆さん、業務でＡＩは活用しているでしょうか。どういうものかよくわからない方や、大学生がＡＩを使ってレポートを作成する問題などを耳にして、あまりよい印象をもっていない方もいらっしゃると思います。「授業でＡＩを活用」なんて聞くと「そんなことしたら、子どもが考えなくなる」との意見もあるでしょう。

しかし、おそらくGoogleやYahoo!などのインターネット検索エンジンが登場したときにも、同じように話題になったのではないかと思います。「こんなものを使い出したら、子どもが自分で調べなくなる」と。しかし、今はどうでしょう。子どもから大人まで、当たり前のように様々な場面で活用しているはずです。そして、それらが私たちの生活をより便利に、効率的にしていることは、だれも否定はしないでしょう。

おそらく、ＡＩも今後そういった存在になっていくと思っています。人々が当たり前のように使う時代が必ず来ます。

ですから、ぜひ夏休みのような時間的に余裕のある時期に使ってみて、いろいろと試してみることをおすすめします。

こんなことを言っていますが、私もまったく詳しくはなく、まだまだわからないことだらけです。ただ、ChatGPT は業務の中でよく活用し、その便利さを強く感じています。

ChatGPT は、対話するように、質問した内容に回答する生成ＡＩです。例えば「あなたは経験30年以上のベテラン小学校教員です。教室が騒がしいときに子どもを一瞬で静かにさせる方法を5つ教えて」と打ち込むと、すぐに返答があります。また、その返答に対して「1つ目をさらに詳しく教えて」と入力すると、要求通りに回答があります。かなりためになる意見も教えてくれるので、ぜひ試してみてください。

ChatGPT は文章作成が得意分野の1つなので、メール文や学級通信を作成する際によく活用しています。 文章がなかなか思いつかず、手が止まってしまったときに「〇〇について〇文字以内で小学校〇年生の保護者に向けた文章を書いて」と聞いてみます。回答をそのまま使うことはないですが、参考になるアイデアを与えてくれます。

今では学校現場での活用方法をまとめた書籍も多く出ていますので、夏休み中に勉強してみてはいかがでしょうか。

2学期分の常時使用するプリント類を印刷する

先にも述べたように、夏休みには授業準備を進めていくのですが、授業の構想を考えるだけではなく、プリント印刷などの準備も同時に進めていきます。授業をどう進めるかは考えているけれど、授業で使うプリントやワークシートが印刷されていなければ、その日になって焦ってしまいます。

例えば、音読カードや毎回の授業で使うワークシートがあるのならば、2学期に入って印刷する必要がないよう、夏休みの間に一気に印刷します。授業中に不足がわかったり、放課後に補充のために印刷したりすることは、できるだけ避けたいものです。

道徳や外国語などで毎時間使うワークシートの書式を統一すれば、一気に印刷することが可能なので、働き方の改善にもつながります。

「自分自身の働き方を見直す」の項でも書きましたが、教師が日々行う業務はかなり多いので、その中で長期休み中に済ませておけるものは、どんどん積極的に行うべきです。

「印刷ぐらい、いつでもできるよ」と思われる方もいるかもしれませんが、コピー機に限りがあれば待ち時間が出る場合もあるし、インク交換や紙補充などで時間が取られることも考えられます。

「そんなの少しの時間でしょ」ではなく、少しの時間も無駄にしないという意識が、ここまで何度も述べているような働き方の改善につながります。ですから、必要なものは夏休み中にガンガン印刷していきましょう。

また、少し話は変わりますが、**「本当に印刷が必要なのかどうか」を考えることも重要です。**

現在は、1人に1台タブレットなどの端末が配られているので、紙で配付するのではなく、オンラインで配ることも可能です。そして当然、パソコンやタブレット上でプリントに記入することもできますし、回収や保管もオンラインでできるので、とても便利になっています。

これも先に述べた「『べき』を疑う」につながります。これまで通り印刷して鉛筆で紙に書かせるべきなのか、タブレットを活用するべきなのか。正解はありませんが、ぜひご自身の教育観と照らし合わせて考えるよい機会としていただければと思います。

夏休み先生クイズを行う　2日(月)

先月号でも紹介した「先生クイズ」を行い、２学期初日を盛り上げます。難しい問題より子どもに関わりがあり、簡単な問題の方が楽しめます。「先生が行った場所は？①近くのスーパー、②アメリカ、③宇宙」これでも写真で示すと盛り上がります。

家庭の事情に配慮して夏休みの発表をさせる　3日(火)

「夏休みの思い出」「夏休みのお気に入りの作品」などを発表させることが多いですが、様々な家庭の事情に配慮する必要があります。２学期早々に自信をなくしたり、嫌な思いをさせたりすることは、絶対に避けるべきです。

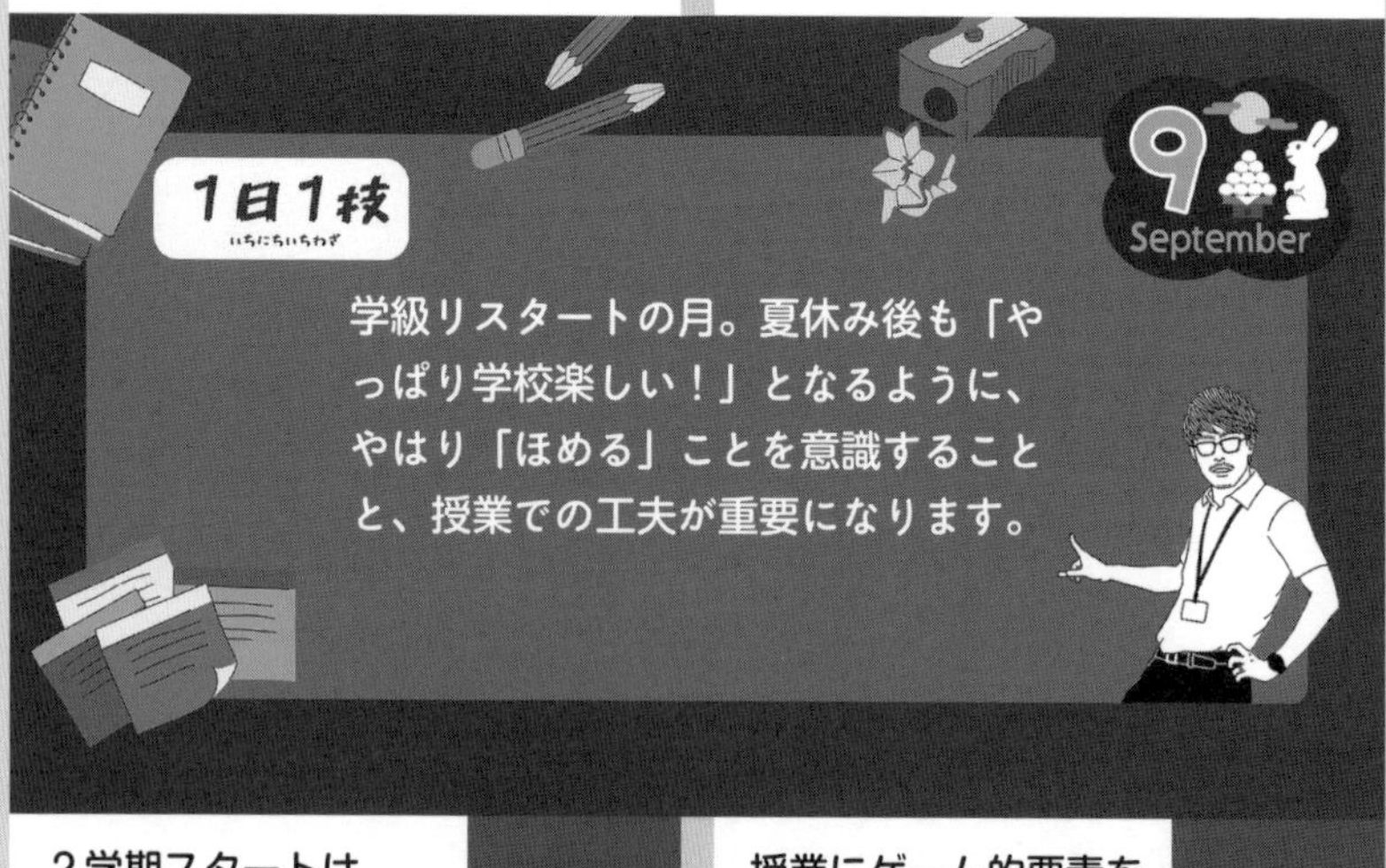

授業にゲーム的要素を積極的に取り入れる　4日(水)

２学期スタートの授業は「楽しい！」と子どもに感じてもらいたいものです。Kahoot！のような学習アプリを活用するのもよいですし、「１学期復習クイズ大会」を行い、班ごとに間違いやすそうな問題を用意して出題し合うのもおすすめです。

２学期スタートは「ほめる」意識を高める　5日(木)

「１学期はここがダメだったので改善させたい」という意識が強過ぎると、どうしても注意や叱責が前提になってしまいます。２学期スタートは４月学級開きと同じような気持ちで、「ほめて行動を改善していく」という意識を大切にします。

6日（金）「不適切な行動」を子どもに考えさせる

2学期スタートは叱責する場面はできるだけ避けたいところ。そのために「この場面であまりよくない行動ってどんなのだろう？」など子どもに考えさせるのがおすすめ。「…はしないように」と一方的に注意するより抑止力が働きます。

9日（月）「カタカナ禁止ゲーム」を行う

代表１人を選び、お題を見せます（例：サンドイッチ）。代表はカタカナを使わずにお題を伝えます（例：野菜や卵をやわらかいものではさんで…）。少し難しいので高学年向きですが、盛り上がりますし、語彙力を高めるうえでもおすすめです。

10日（火）わざと間違えて指示を伝える

どれだけ私語をしていても、他人の間違いには子どもは非常に敏感です。それを利用すると指示も通りやすくなります。「次の体育にはリコーダーを忘れないように」。子どもが「えっ」となった瞬間に正しい内容を話すと指示が伝わりやすくなります。

11日（水）子どもに相談する

１学期に関係がうまく構築できなかった子どもと関係を深めるための手立てです。「○○さん、これってどうすればいいと思う？」と相談します。相談されると誰でもうれしいもの。たとえ素っ気なくされても何度もトライするうちに心を開きます。

12日（木）写真や資料などを一瞬だけ示す

授業の時間や何かを説明するとき、写真やグラフなどの資料を示す際に一瞬だけ見せると「もう１回見せて！」と子どもの集中力が高まります。もう一度見せるときに少し焦らすとより盛り上がるし、教師の説明もよりよく理解することができます。

13日（金）すきま時間への対応を徹底する

授業で子どもが落ち着かない大きな原因の１つが「すきま時間に何をすべきか徹底されていない」ことです。そこですきま時間にすることをリスト化して渡します。「アプリ学習」「読書」「自主学習」「問題づくり」などから子ども自身に選ばせます。

16日（月）子どもとの約束は必ず守る

２学期は教師にも慣れが出てきます。子どもからの「…して遊ぼう！」などの要望にOKを出したにもかかわらず、おざなりにしてしまうことはないでしょうか。子どもに約束やルールを守ってもらうためにも、子どもとの約束も全力で守ります。

17日（火）保護者へこまめに連絡をする

２学期に限らず常に必要なことではありますが、個人懇談が終わった後は特に意識します。保護者から聞いた気になる点について、学校で気づいたことがあれば積極的に連絡を入れます。「子どもをしっかり見てくれている」という信頼につながります。

18日（水）授業テーマやめあての言葉を工夫する

「ヨーロッパへ旅をしてみよう！」「縄文時代へタイムスリップしよう！」「○○博士になろう！」「○○の謎を解き明かそう！」など、授業テーマやめあての文言を少し工夫するだけでも、子どもたちの学習への意欲は変化します。

19日（木）子どもが発表しているとき離れた場所で聞く

「全体を見て発表できない」「発表している友だちの方を見ない」などは、教師の立ち位置を変えるだけで改善します。黒板の前ではなく発表者から離れて子どもに混ざって聞くと、発表者の目線が自然と全体に向かい、聞き手の意識も高まります。

20日（金）大事な話の前に大げさな前置きをする

確実に伝えたい大事な話がある場合「この話はすごく大事だから聞かないと絶対損をする」「ちょっと衝撃的な話をするね」「この話聞いていない人は困るだろうなぁ」などの前置きをすると、より指示が伝わります。

23日（月）「この声は誰？」ゲームを行う

月曜の朝に気持ちを盛り上げるために、準備も必要なく簡単にできるゲーム。５～７人前に出て、１人だけ声を出す子どもを決めます。全体に背を向けて、１人だけ声を出して誰の声なのかを当てます。「声は変えてよい」とすると盛り上がります。

子ども同士の相互指名を活用する 24日（火）

子ども同士が指名し合う「相互指名」がスムーズにできると、教師は板書に集中でき、授業も活発になるのでおすすめです。ただ「仲のよい子同士が当て合う」「同じ子ばかりが当たる」などが起こりうるので、ルールを決めたうえでの練習が必要です。

全員起立させて考えさせる 25日（水）

授業への参加意識を高めるために、全員起立させてから考えさせたり、活動させたりします。「考えが１つでももてたら座ろう」「３人と意見交換できたら座ろう」などとすると、全員が動き出し、授業が活性化します。

「意見を聞きたい人？」で聞く意識を高める 26日（木）

「わかった人？」「説明できる人？」と聞いてしまうと、わからない、説明できない子は「お客さん」になってしまいます。「今は他の人の意見を聞きたいなぁという人？」と聞いて挙手させれば、お客さんにならずに聞く意識が高まります。

授業終わりに全員参加できる活動を取り入れる 27日（金）

授業終わりの活動は「楽しかった！」「よかった！」と満足感を与えるうえで非常に重要です。授業終わりにつまずいてしまう子は授業に対する意欲が低下します。「オープンエンドな発問で終わる」など、全員が参加できるような工夫が必要です。

QRコードで宿題をチェックする 28日（土）

学校でタブレットを使用しているなら、宿題をQRコードでチェックするアプリを一度試してみてください。時短につながるし、月ごとの集計などもすぐにできます。宿題だけでなく、学習の進捗状況チェックなど、工夫次第で活用方法は多様です。

「２番をねらえ！」ゲームを行う 30日（月）

お題に対して１番ではなく２番をねらうゲームです（例：小学生の１か月のお小づかいは？　友だちとの待ち合わせで何分待てる？）。準備が必要なく、グループで話し合う機会もつくることができるのでおすすめです。

9 September

「不適切な行動」を子どもに考えさせる

2学期が始まったばかりの時期はできるだけ「怒る」「叱責する」「指導する」といったことは避けたいところ。しかし4月の項目でも述べたように、現実にはそうした場面は、2学期スタートなど関係なしに起こりますよね。そういった指導が必要な場面を抑制する方法があります。これを使えば、こちらが注意をすることなく子ども自身の抑止力が働き、たとえトラブルが起きたとしても、解決や指導がスムーズに進みます。

それは「事前に子どもたち自身に不適切な行動を考えさせる」方法です。

例えば、行事の練習に初めて向かうときに「これから行く練習で、あまりよくない、注意されそうな行動って何だろう？」と子どもに考えさせます。

すると子どもたちは「先生の話を聞かない」「おしゃべりをする」「声を出すべきときに声の大きさが小さい」など、考えられる行動を発表します。教師が意図しているものが出てこなければ、こちらから「～にも気をつけるべきだと思わない？」と投げかけます。

いつもと違う場面であったり、何か新しい取組を始めたりするときなどは教師側から「～したら…になってしまうから気をつけましょう」「～になってしまうと悲しむ人が出てくるからしてはだめだよ」と注意喚起を与えることはよくあると思います。

しかしこのように単に「～してはいけない」と一方的に指導するよりも子ども自身に、事前にそれらの場面を想像させ、注意される可能性のある行動を自ら考えることで、子どもたちの自律的な抑止力がより強化されます。また、もしそういった不適切な行動が現れてしまったとしても、一度全体で確認をしている内容なので、教師の指導がよりスムーズに子どもたちに伝わります。

少し落ち着きがなくなってきたと感じたり、指導場面を前もってつぶしておきたいと思ったりした場合などに活用してみてはいかがでしょうか。

また、「不適切な行動」だけでなく逆に「望ましい行動」を考えさせるのもおすすめです。「じゃあ逆に、やった方がいいと思う行動は?」「この場面で高学年らしい姿って?」などと聞いてみます。前もって意識づけることで、子どもたち自身がどう振る舞えばよいかが具体化され、ポジティブな行動への意欲が高まります。

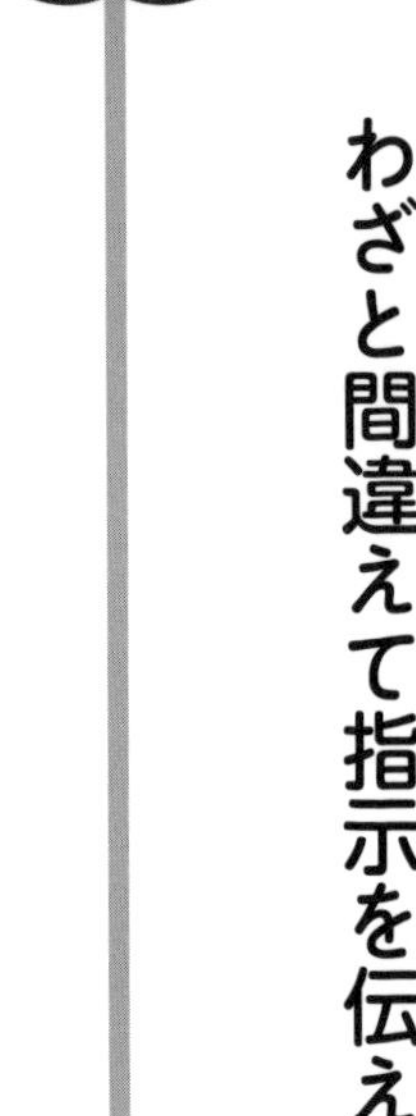

わざと間違えて指示を伝える

1日の中で、教師が子どもへ指示を出す場面は山ほどあります。

その指示をできるだけ一発で子どもたちに通すことができるかどうかは、教師の腕の見せどころです。

よく、

「子どもがこっちの話を全然聞かない」

「指示がなかなか通らない」

と嘆いている先生がいらっしゃいますが、厳しく言うと、それは子どもに責任はなく、教師に責任があると思っています。

子どもの「できない」を「できる」に変えるのが教師の仕事です。

指示が通らないのであれば、教師の工夫で指示が通るようにしていかなければいけません。

教師の工夫や手立てによって指示が通ったならそこを大きくほめて、やがてはそんな工夫が必要なくとも、指示が通るようにしていくことが大切です。

その工夫でおすすめなのが、**「わざと間違える」**です。

子どもは（大人もそうですが）他人の間違いには非常に敏感です。子どもたちに話をする中で間違いがあったときに子どもから指摘された経験は、どの先生にもあるのではないでしょうか。

どれだけ教室内が騒がしくても、子どもたちが私語をしていたとしても、間違いは耳に入り、反応を示します。

例えば、

「次の体育にはリコーダーを忘れないように」

「給食委員会は夜の2時に給食室に集まってください」

「感想文を500行書いてね」

のように、**少しユーモアを交えた間違いをわざと含めて指示することで、「えっ」となって子どもたちの注意がこちらに向きます。**

そして、

「あっ、ごめんごめん、赤白帽だった。忘れないようにね」

と正しく話をすると、指示をより確実に伝えることができます。

「静かにしなさい」

「こちらを向きなさい」

「しっかり聞きなさい」

こんな指導は必要なしです。

この「わざと間違える」を日常的に行い、

「先生、また間違ったこと言うかもしれないから、よく聞いて教えてね」

のように言っていると、子どもたちの集中力が高まります。

わざと間違えることで子どもの集中力が高まり、
ほめることで話を聞く大切さも伝わる。

「本当によく聞いてくれているね。すばらしいよ」

とほめると、話を聞く大切さも伝わります。


また、**この方法は授業でも活用可能**です。

「豆太は最後にトイレも自分で行けるようになったね」

「8＋5は12だね」

「沖縄は寒いから、北海道と同じものがつくられているんだね」

など間違いを示すと、子どもたちは自然と、

「違うよ！　だって…」

「そうじゃない！　これは…」

などと説明し始めます。

「8＋5は13になる説明してくれる？」

と直接聞くよりも授業が活発化し、意欲も高まります。

すきま時間への対応を徹底する

子どもたちが何をしていいかわからない、空白の時間を与えない。

これは、安定した学級経営や授業をつくるうえで非常に重要なこととして長く語られており、この空白時間＝すきま時間が学級の落ち着きをなくし、崩壊へ導くほどの大きな要素であることは、先生方もご存じだと思います。

ですから、このすきま時間への対応はマストであり、若い先生にとっては授業のスキルを上げること以上に、徹底した準備が必要ではないかと思うほどです。

まず最も重要なのが、**「終わったらどうするかまで指示をする」**ということ。「登場人物の気持ちがわかる部分に3つ線を引きましょう」という指示なら「終わったら、まだ他にないか探してみてね。去年のクラスでは、8つまで線を引いていた子がいたよ」、あるいは授業の終盤ならば「終わった人から静かにＡＩドリルをして待ちます」もあると思います。とにかく「終わったらどうするのか」までを指示に含めるようにします。

次に大切なのは**「すきま時間にすることを吟味する」**ということ。「終わった後に何をするか指示したから大丈夫」ではなく、そこでの活動内容も大切です。終わった後にしておくように言われたことが難しかったり、わかりにくかったりすると、子どもたちの落ち着きは一気になくなります。すきま時間の対応に「応用プリントを用意しておく」という実践を目にすることがありますが、「こんなのわからない」「先生教えてー」と逆にざわつく可能性があるということも知っておく必要があります。

また、すきま時間に行う代表的な活動「読書」は、もしクラスが読書自体を静かに落ち着いてできるようなレベルになっていない場合、すきま時間に行う活動として適切ではないでしょう。

すきま時間の活動は、全員が安心して落ち着いて取り組めるものにする必要があります。「アプリ学習」「読書」「友だちのお助け」「自主学習」「問題づくり」など、クラスの実態に応じて何をさせるのかを考えることが重要です。**「すきま時間になったらすることリスト」をつくって配付し、子どもに選ばせるのも1つの手**です。

終わったらどうするかまで指示すること、すきま時間の活動内容をクラスの実態に合わせて吟味すること。9月のこの時期にすきま時間でざわつくようなら改善の余地ありです。

全員起立させて考えさせる

皆さんの授業は、子どもたちが全員参加していますか？

「全員ちゃんと教室にいるから参加している」と思われるかもしれませんが、そういった物理的な参加という意味ではありません。「子どもたちの意識や思考は参加できているか」ということです。

クラスには様々な子どもがいるので、積極的に発表する子もいれば、そうでない子もいます。これは「全員参加なので、全員が発表するべき」と言いたいわけではありません。中には人前で話すことが苦手な子もいるので、そういった子どもに対しては配慮が必要です。しかし、「誰かが考えて発表してくれるだろう」「わからないから先生が教えてくれるのを待とう」「考えなくても授業は進んでいく」といった空気感はなくすべきです。**2学期になって発表者が固定し始めると、よりこの空気感は強くなります。**

たとえ発表ができないとしても、発問に対しては全員に「思考」させるべきです。そうでないと、子どもたちの考える習慣、考える力がつくことはありません。

しかし、「考えなさい」と伝えればみんなが思考し始めるかというと、そうではないのがなかなか難しいところです。したがって、「子どもたち全員の授業への参加意識を高める手立て」が必要です。

この手立ての1つに、「全員起立」があります。例えば「全員起立。考えが1つでももてたら座ってノートに書きます」とします。考えがもてた子からどんどん座っていくので、どの子も思考がフル回転します。「座ったらノートに書く」なので、考えなしに座ることもできません。

ほかにも、「全員起立。3人と意見交換できたら座ろう」「全員起立。今○○君が発表したことを隣と確認したら座ろう」「全員起立。AかBか、立場が決まったら座ろう」など、どの教科のどんな授業でも活用できます。

授業の中で「空気がダレてきた」「集中が切れる子が出てきた」といったときにもおすすめです。**体を動かすことでリフレッシュし、教室の空気を変えることができます。**

こういった手立てから考える習慣をつけ、授業への参加意識を高めることで、起立させることなく自然と思考するクラスへと成長していくと考えています。

授業終わりに全員参加できる活動を取り入れる

9 September

「授業のはじめは全員が安心して参加できる内容で」「授業のはじまりは子どもの興味関心を引くような楽しい活動で」など、授業の導入の工夫はよく話題になります。前時までの復習、授業内容につながるゲーム、実物を持ち込むなど、様々な工夫があります。

授業のはじまりにどれだけ子どもを食いつかせられるか、「今日の授業もがんばろう」とやる気を高められるかは、どの先生も重要だと考えられていると思います。

しかしどうでしょう。

授業のはじまりの工夫だけでなく、「今日の授業は楽しかった！」「今日の授業はよくわかった！」「今日の授業はたくさん学べた！」と子どもたちが最後に思えるよう、**授業の終わりへの工夫も、授業のはじまりへの工夫と同様に重要**ではないかと私は考えます。

たとえ授業のはじめの活動が楽しく、その後の学習がスムーズに進められたとしても、授業の最後に行う活動が子どもにとって難しかったり、理解できなかったりすれば、最初の「楽しかった」よりも、最後の「できなかった」という印象の方が強く残ります。

当然子どもは自信をなくしますし、この状態で「今日の授業はよかった」「次の授業もがんばるぞ」となるかは、なかなか難しいと思います。

ですから、授業のはじめを工夫するのと同じように、授業終わりの活動にも全員が安心して取り組めるような工夫が絶対に必要です。


ここでいう「授業終わりの活動」とは、授業の最後によく行われる、授業の感想や振り返りを書く活動ではありません。その前の活動です。振り返りの前の活動が子どもにとって不完全燃焼に終わるならば、感想が「難しくてわからなかった」「考えたけどできなかった」という内容になってしまいます。ですから、感想や振り返りの前の活動への工夫が必要なのです。

例えば、算数の授業を計算練習で終わる場合、「問題数を限定する」「自分で何問するのかを決めさせる」「わからない場合のヒントを端末に送っておく」など全員が安心して取り組める工夫があります。また、「サイコロで数字を決めて計算練習」「数字カードで数字を決めて先生とどちらの答えが大きいか勝負」「希望者1人が前に出てハンデつきの先生と計算スピード勝負（他の子は自分のノートに）」など、ゲーム性のある計算練習で楽しく終わることもできます。

他の教科でも、授業終わりに顔を伏せさせ、一部の板書を変えてどこが変わったかを考えさせる「板書間違い探し」や、その日までに学んだ重要用語を使った「復習ビンゴゲーム」などもできます。

このように、授業はじめの工夫だけでなく、授業終わりの様々な工夫も、授業を考えるうえで必要だと思います。

あと、私が最も重要だと思っていることは、**「子どもをできるようにする」という覚悟を教師がもつこと**です。

今、授業には「主体的・対話的で深い学び」「学びに向かう力」「知識だけでなく思考力を」など、いろいろなことが求められています。どれも非常に重要で、そういった授業を実現していくための努力は必要です。

しかし、シンプルに「子どもをできるようにする」という教師としての目標を忘れてはいけないのでは、と感じています。

授業終わりの活動に自信をもって、安心して取り組めるように授業を構成すること。子どもの「できた！」が授業の終わりに見られるように授業を改善していくこと。これこそが、子どもの次の学びへのモチベーションを高めるうえでとても大切だと考えています。

授業終わりの活動の工夫と、「子どもをできるようにする」という教師の覚悟。ぜひこれらを意識して授業を行ってみてください。子どもたちの授業に対する姿勢が必ず変わってくるはずです。

①授業終わりの活動の工夫

全員が安心して取り組める工夫や楽しめる工夫が必要。

②「子どもをできるようにする」という教師の覚悟

シンプルに「子どもをできるようにする」という教師としての目標を忘れてはいけない。

改めて静かさを具体的に教える　1日(火)

２学期にも慣れが出てきて教室がざわざわしてきたら「１分間ひと言も話さず、聞こえた音をノートに書く」という活動を行います。「音楽室の歌、鳥の鳴き声、エアコンの音などが聞こえるぐらい静かにしよう」と具体的に伝えます。

学習方法の自由度を少しずつ高める　2日(水)

「残りの時間教科書かドリルで練習しよう。残ったものは宿題」「まとめる方法はノートでもいいしタブレットでもOK」など、中学年以上なら学習する方法に選択肢を与え、自由度を高めると、勉強への意欲が高まります。

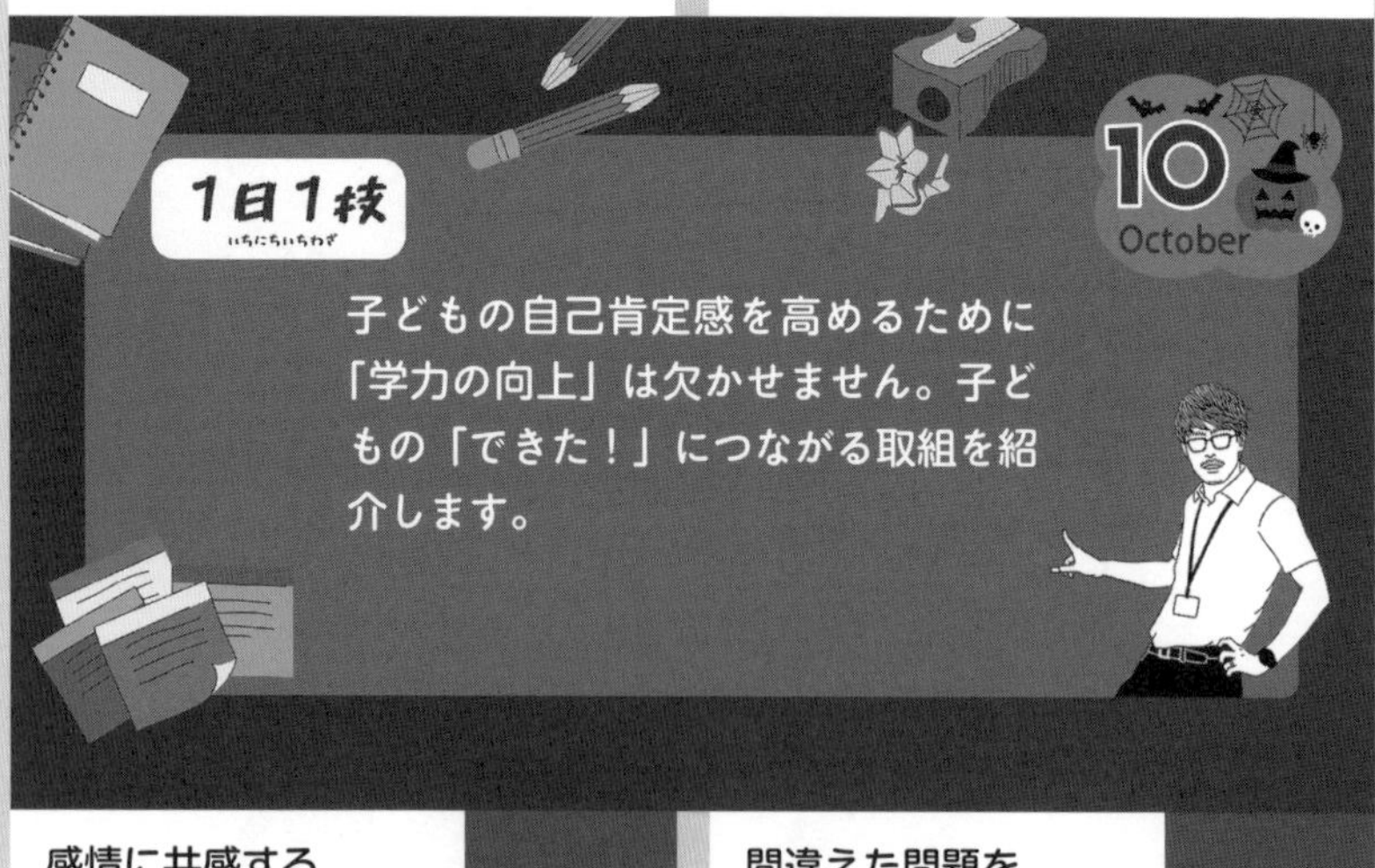

間違えた問題を記録させる　3日(木)

プリントやテストなどの間違った問題を記録させておくと、学期末の復習に大いに役立ちます。今はタブレットなどの端末があるので、簡単に管理できます。「○○(自分の名前）の伸び代」「○○の成長の宝」など前向きなネーミングで保存させます。

感情に共感する　4日(金)

例えば「先生、休みに○○の映画見に行ったよ」に「どこの映画館？」「だれと？」と返すより､「あの映画おもしろそうやったよねぇ」「映画館で見ると迫力あるよねぇ」と感情に共感すると子どもはより喜び、さらによく話をしてくれるようになります。

7日(月)

「指示の前に子どもの活動を止める」前に教師の動きを止める

「指示する前に必ず子どもの手を止めて」はよく言いますが、教師自身の動きも止めるようにします。教師が動きを止めると空気が変わり、子どもの意識もこちらに向きやすくなります。「していることを止めて」という指示が不要になることも。

8日(火)

「どこまでわかった？」と聞く

授業中、課題に対して困っている子どもに「どこがわからない？」ではなく「どこまでできた？」「どこまでわかった？」と、できたところに注目できる声かけをします。「問題しか書けてない」などにも、そこまでできたことをほめることができます。

9日(水)

ほめることが難しいなら感謝を伝える

「ほめるところが見つからない」「ほめることが少なくなった」場合は、小さなことに「ありがとう」と感謝を伝えるようにします。大変なあの子にも「学校に来てくれてありがとう」の気持ちがもてると、対応も変わっていきます。

10日(木)

他者意識が高まる声かけをする

「掃除ちゃんとしなさいよ」に対し、「してるし」と返す子どもはいませんか？　中学年以上なら「周りから見てどうか」を意識させる時期です。「きちんとできていないように見えるよ」という言葉かけで他者意識を高めていきます。

11日(金)

「○○さんと同じ人？」から違う意見を聞く

１人が発表した後すぐ「他の人？」と聞くのではなく「○○さんと同じ人？」とまずは同じ意見を続けます。そして「手をあげてなかったから違う意見だね。どうぞ」と違う意見を促します。そうするとより自然に多くの意見を聞くことができます。

15日(火)

「ありのまま」と「わがまま」を区別する

「ありのまま」と「わがまま」。この２つの違いが明確にはっきりしているわけではありませんが、学級経営上この区別は重要だと考えます。子どもがわがままをしたくなる気持ちには共感しても、その行動には適切な指導が必要です。

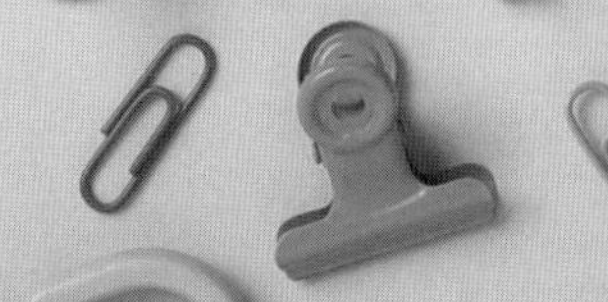

「はぁって言うゲーム」教室版をする　16日（水）

セリフ（例「あ～」）、3～4つの状況（例「体育がなくなったとき」「テストが100点じゃなかったとき」）を決め、代表1人が1つ状況を選んでそれに合うようにセリフを言い、どの状況なのかを当てるゲームです。表現力が試され盛り上がります。

はじめからがんばっている子どもに注目する　17日（木）

大人は子どもの「きちんとしていない」様子や「きちんとしていなかったができるようになった」様子に目が行きがちですが、最も注目すべきは「はじめからきちんとがんばっている子」です。それが学級の安定につながります。

意図的な無視を活用する　18日（金）

様々な手立てを打っても課題が改善しない子どもがいる場合、周りに迷惑がかかっていないという前提で「意図的な無視」が効果を発揮することもあります。相手にしないことで、望ましくない言動が自然となくなることは多々あります。

残食がなくなる工夫をする　21日（月）

私は「無理に食べさせる必要はない」という考えですが、それでも残食は少しでも減らしたいものです。「おいしいスープはいかがですかぁ？」「ご用の際はお手元のボタンでお知らせください」などと演じると、おかわりする子がなぜか増えます。

重要なことを伝える際は小さな声で話す　22日（火）

大事なことを「伝えなければ」と思うほど声は大きくなるもの。しかし、小さい声の方が子どもの注意をこちらに向けることができ、より集中して聞きます。教師が小さな声で話し出すと自然と教室が静かになるのは、落ち着いている証拠です。

掲示を子どもに任せる　23日（水）

子どもの作品やワークシートなどの教室掲示には時間がかかりますが、子どもに任せるとかなりの時短になります。掲示が必要なワークシートなどは集めず、言葉の間違いをチェックし、完成した子どもから授業中に掲示させていきます。

24日（木）給食中に学習ソングをかける

給食中に今学習している内容と関係のある学習ソングを、YouTubeなどを活用して流しています。おすすめは「九九」「都道府県」「ことわざ」「歴史人物」など。1日1回だけでもしばらく続けると、自然と口ずさみ、覚える子どもが出てきます。

25日（金）「フェイント指名」で注意せずに不適切行動を抑える

「○○君！…と見せかけて△△さん」とフェイントを使うことで、私語や手遊びなど注意したくなる行動を指導することなく止めることができます。「○○君！…と見せかけて△△さん！…と見せかけて□□君！…と…」とすると盛り上がります。

28日（月）担任独自のキャラクターをつくる

私は簡単にかける「サンバくん」というキャラクターをよく板書などで登場させ「サンバくんがこう言っているけど、意味わかる？」などと問います。授業のちょっとしたスパイスとなり、ノートチェックなどで書いてあげると子どもが喜びます。

29日（火）テレパシーゲームをする

お題（例「人気の給食と言えば」）を1つ決め、紙やタブレットに自分が思うものを書きます。「せーの」とグループで見せ合い、そろった分だけポイントになります。準備が必要なく、お題さえ考えればすぐにできます。「かぶっちゃだめ」でもOK。

30日（水）各教科導入で使えるフラッシュカードをつくる

それぞれの教科の学習も進んできているので、次学年でも必要な知識・技能はしっかり定着させたいものです。それらをフラッシュカード化し、授業はじめの3分で取り組むとかなりの力になります。スタートが安定し落ち着いて授業を始められます。

31日（木）帰りの会で1分間の整理タイムを設ける

そろそろ子どもたちの机の中やロッカーが乱れてくるころ。毎日整理時間を設けると、大事な書類を持ち帰るのを忘れたりすることを防げます。おすすめは帰りの会の時間を活用すること。習慣化できるし、次の日の朝も気持ちよくスタートできます。

10
October

間違えた問題を記録させる

子どもの学力を高めていくために、できる問題を繰り返し練習することは当然大切ですが、間違えた問題や、まだ理解できていない内容にどうアクセスし取り組んでいくかの方がさらに重要です。

しかし、残念ながら、教師が何か手立てを打たない限り、子どもが自ら自分の苦手な内容や間違えた問題に取り組むことはなかなかないでしょう。大人にとっても、自分の苦手なことに自ら進んで取り組むことは、なかなかハードルが高いものです。

まずは「間違えた問題を記録する」ことから始めることをおすすめします。宿題のドリルやプリント、テストなどで間違えた問題を自分のパソコンやタブレットで記録し、１つにまとめておくのです。

そうしておくと、授業で時間が余ったり、すきま時間が生まれたりしたときに「間違えた問題にチャレンジしてみよう」と指示し、いつでも取り組ませることができます。

また、自主学習に取り組んでいる場合も、記録しているところから問題をピックアップして解き直すことができます。

小学校を卒業して中学生になれば、定期テストに向けて自分で勉強を行っていかなければいけません。小学校のように「宿題さえしていれば大丈夫」ではなくなります。「どうやって自分で勉強すればよいのか」という勉強方法を知るためにも、この間違いを記録することは重要な経験です。

間違いを記録する際に気をつけるべきことは、**「間違いは残しておく」**ということ。子どもは間違いをそのままにしておくのは嫌なので、間違えた答えを消して正しい答えを書く場合が多いです。しかし、それだと「どう間違えたのか」がわからず、その後も同じミスをする可能性があるので、間違いを残し、正しい答えも書いて記録させます。

そしてもう1つ気をつけるべきことが、**「できるようになる前には、必ず間違いや失敗があるということを常々子どもに伝える」**ということ。「間違いの記録が増えてくると自己肯定感が下がるのでは」という意見もあるかもしれませんが、間違えるというのは決してだめなことではなく、子ども自身の成長のための「伸びしろ」であることを子どもに日々伝えます。「おっ、間違いだ」と前向きに記録できる子どもを育てていきます。

他者意識が高まる声かけをする

「ちゃんと掃除をしなさいよ」

と注意すると、

「ちゃんとやってるし！」

と返す子ども。

いますよね。

本当に自分ではちゃんとしているつもりの場合もあれば、ちゃんとしていないという自覚があったとしても、教師に言い返すためだけにそう言っている場合もあります。こういったことで指導に苦労されている先生を見かけることがあります。

こういう場合には、

「ちゃんと掃除をしなさいよ」

ではなく、

「ちゃんと掃除していないように見えるよ」

という伝え方をします。

中学年以上の子どもたちは、自分と他者との違いや、他者が自分をどのように見ているかに敏感になり始めます。

この**「他者意識」が育ってくる段階に「まわりから自分はどう見えるか」を意識させる声かけは有効**です。

「自分ではちゃんとしていると思っていても、周りから見たらそうではないこともある」ということと、「だれが見ても『ちゃんとしている』と思われるような行動を目指そう」ということを話をします。

この話を子どもが理解できているのなら「ちゃ

自分と他者との違いや他者が自分をどのように見ているかに敏感になり始める中学年以上の子どもに有効。

んとやってるし！」なんて言葉は出てこなくなります。

注意する際も、

「ちゃんとしなさい！」

と大きな声を出す必要はなく、

「それだとちゃんとしているようには見えないかもね」

と穏やかに伝えることができます。

もちろん、他者意識を育てるためには、子ども自身に他者の視点で考えることの重要性を理解させる必要があります。

単に「周りの目も気にしなさい」と指導するだけではなく、**その背後にある意味を伝えることが大切**です。

突き詰めて考えると、他者を意識することは**「自分も周りも気持ちよく過ごせるように」**ということです。集団で生活するうえで必要不可欠であり、社会性を育むうえでも重要な視点です。

こういったことを子どもに話し、子ども自身が自分の行動に責任をもって、周りとの関係性を考えながら行動できるようになることを目指します。

また、少し話はずれますが、「ちゃんと」という指示はかなり曖昧で、子どもによっては「どうすればちゃんとしていることになるのか」がわからない場合もあります。

そこはしっかり具体的に伝えることが大切です。先にも述べたように**「掃除のときの『ちゃんと』ってどういうこと？」と子どもに考えさせることも大切**です。

どうすれば
「ちゃんと」に
なるの…？

「○○さんと同じ人？」から違う意見を聞く

私が授業の中で決してしないようにしていることの1つが、1人が発表した後に、「他はどう？」「他の意見の人？」と聞くことです。

例えば職員研修で講師の方から意見を求められ、自分の意見を述べた後に「なるほど。他にありますか？」なんて言われると、結構ショックではないでしょうか。「あぁ、自分の考えは講師の先生が求めているものと違ったんだな…」と私なら感じます。

それは子どもも同じだと思います。ですから、**一人ひとりの発表を大事にしているということを感じてもらうために「他には？」は絶対に言いません。**教師が意図しない内容であったとしても、勇気をもって発言してくれた子どもの気持ちと、その発表内容は大切に大切に扱います。

子どもの発表を大切に扱う方法の1つとして、「同じ意見を聞く」ことがおすすめです。1人の発表があった後に「なるほど。今の○○さんと同じ考えの人？」と投げかけ、挙手を求めます。同じ意見があれば何人かに発表させます。もし少し的外れな発表のために同じ意見が他に誰もいなければ、「君の意見はオンリーワンだったね！」などとほめることもできます。

そして、その後に**「手をあげなかった違う考えの人に聞いてみようかな。○○さん、どうぞ」**というように指名するのです。すると「他には？」と聞くよりも自然に他の意見を聞くことができます。

このように、1人の発表を「同じ人？」とクラス全体に広げることで、その考えを大切にしつつ、さらに違う意見も自然な流れの中で聞くことができるのでおすすめです。

もちろん、違う意見が発表されたときにも「今の○○さんと同じ意見や似ている意見だった人いる？」と聞いて発表をつなげていきます。

あとは「子どもの意見を板書する」という方法もあります。

私は子どもの考えによって「板書する、板書しない」と区別することはしません。発表された新しい意見はすべて黒板に残すようにしています。こうすると、**自分の発表が授業に反映されていることがひと目でわかります。**「ここに書かれていない意見はまだあるかな？」と聞けば、自然とその他の考えを聞くこともできます。

はじめからがんばっている子どもに注目する

人間の脳というのは、正しいものよりも間違ったものに敏感に気づくようなつくりになっています。「○○○○●○○○○○」を見たときに、たくさんの「○」よりも1つの「●」に自然と目が向くと思います。

子どもを見る際に、多くの強みや長所より、特定の弱みや短所に目が向いてしまうのも同じことです。また、クラス全体を見るときも、**普段からがんばっている多数よりも、問題行動を起こす気になる少数の子どもに目が向きがち**です。

そういった気になる子どもたちの「しなかったことをするようになった」「できなかったことができるようになった」は、しっかりほめるべきです。しかし、それ以上に「いつもしていること、いつもできていることを当たり前のように毎日がんばっている」子どもたちにこそ注目し、評価するべきだと心から思っています。

学級をよりよくするために、できていない部分をできるようにすることは大切ですし、学級が崩れないためにも、気になる子どもへの指導は大切です。しかし、1人や2人の言動でクラスが荒れることはまずありません。**それ以外の普段からがんばっている子どもたちに注目し、ほめることが、子どもたちとの関係構築につながり、ひいてはより安定したクラスづくりへとつながっていく**のです。

そのためには、まず意識を変えることが大切です。先に述べた「○○○○●○○○○○」を見る際に、前もって「人はネガティブな部分に注目してしまうもの」という認識と、『○』がたくさんある」という認識をもって見ると、「●」が気にならなくなっていきます。

同じように「クラスにははじめからがんばっている子がたくさんいる」「あんないいところや、こんないいところもある」という意識でクラスを眺めると、クラスのポジティブな部分に自然と目が向くようになります。それらをしっかり担任が見取り、称賛と感謝を伝えること。これが学級の安定につながります。

皆さんのクラスで4月から変わらずがんばっている子はだれですか? 具体的に名前をあげてみてください。おそらくたくさんいるはずです。その子たちにぜひ注目するようにしてみてください。クラスの雰囲気がきっと変わっていきます。

朝1時間目までに全員をほめる

1日(金)

このころになると、ほめられる子どもに偏りが出てくることも。そこで、朝の時間にできるだけ全員をほめます。朝、宿題を出しに来た際「よいあいさつ」「提出の仕方が丁寧」「昨日のノートよかったよ」「よく書けてるね」とどんどんほめます。

読書の時間は教師も本を読む

4日(月)

「朝読書」「読書週間」などの読書機会を増やすための取組で、子どもの読書中に教師が他の仕事をしているのを目にすることがあります。気持ちはわかりますが、大人の読書姿を見せることは、読書の大切さを伝えるうえでとても大切です。

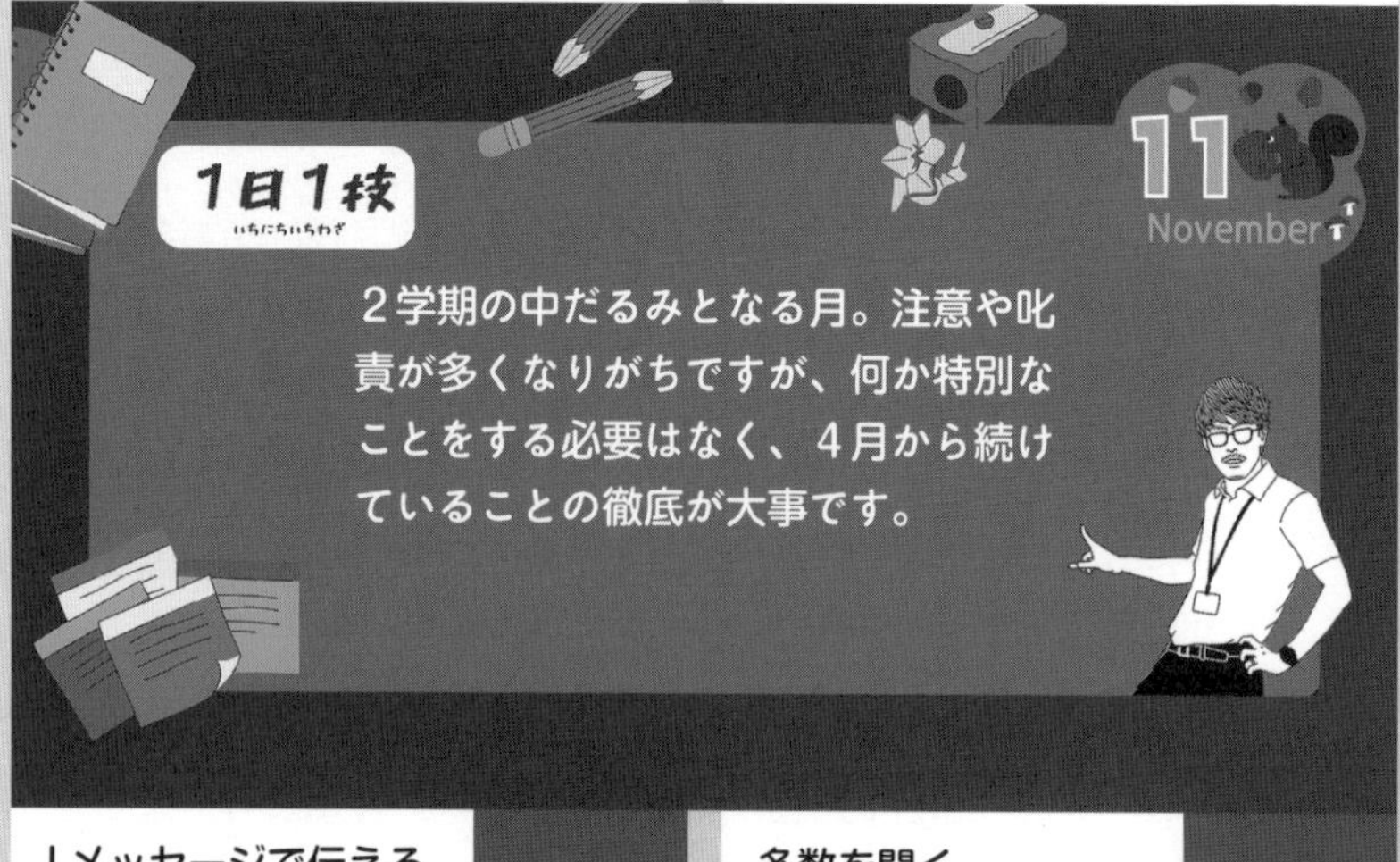

多数を聞く

5日(火)

「これ忘れた人？」「これ落とした人？」「ノート出してない人？」と少数を聞くより、「これ忘れてない人？」「これ自分のじゃない人？」「ノート出した人？」と多数が該当する質問の方が、多くの子が動き出すので子どもの注意を引くことができます。

Iメッセージで伝える

6日(水)

注意する際、「…してはいけない」ではなく「…すると先生は悲しくなる」や「…するとけがをしないか心配なんだ」など、主語を自分にして伝えると、相手を批判することなく、行動を変えようとする動機につながります。

子どもに相談する
7日(木)

関係が築けていない子がいるなら「授業で○○しようと思うんだけど…」「○○への誕生日プレゼント何がいいかな？」等と相談してみます。だれでも相談されるとうれしいもの。冷たい反応でも気にせず「そうだよね」と返し、また別日にチャレンジ。

資料などの一部を隠して提示する
8日(金)

グラフなら最近のデータを隠し「増えていると思う？」、写真なら重要な一部を隠し「ここに何が写ってると思う？」、文章題なら数字を隠し「どんな数字を入れたい？」など、一部を隠して子どもに提示することで、より学習への興味関心が高まります。

全員を目指さず、肩の力を抜く
11日(月)

２学期も後半のこの時期、何度注意してもなかなか変化がないことも学級にはあると思います。「字は丁寧に」「机の中はきれいに」など周りに危険や迷惑が及ばないことはよい意味であきらめることも大事。先生にも子どもにも余裕が生まれます。

１人の発表をクラス全体へ広げる
12日(火)

「Ａ君の意見と同じ人？　違う人？」「Ａ君の言っていることがわかったという人？」「Ａ君が言ったことをもう一度言える人？」「Ａ君の言ったことをお隣と話してみよう」などと投げかけることで、１人の発表をクラス全体に広げることができます。

子どもの成功体験を聞く
13日(水)

これも子どもとの関係づくりで苦労している場合におすすめ。何かうまくいった、習い事でがんばっているなどの話を聞いたら、それを話題にすると喜びます。そういった成功体験を知るにはアンテナを高く張り、子どもの様子を見守ることが大事。

ICT 機器を活用して表現方法を選択させる
14日(木)

ICT 機器が導入されたことにより、作文、ポスター、新聞、動画、プレゼンなどの作成が気軽に行えるようになり、表現方法の幅が広がりました。学習のまとめなどでは、子どもたちに表現方法を選択させるようにすると、より意欲が高まります。

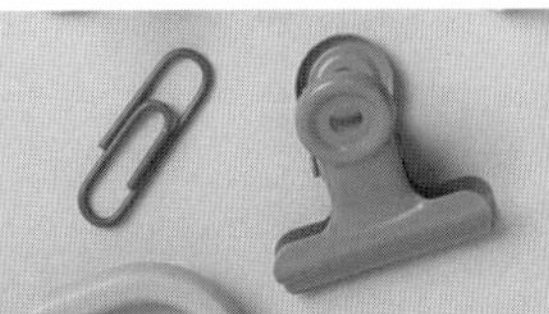

何回か説明する　15日（金）

「話は１回で聞く」が理想ですが、わかるまで何度も説明することも教師の大切な仕事ではないでしょうか。聞けていない場合は、繰り返し説明して大丈夫です。「１回で聞け」と叱らず、１回で聞けたときにほめるだけでよいと思います。

指示・説明には数字を含める　18日（月）

「大事な話を３つします」「５分書き続けよう」「ゴミを20個拾います」「○○さんは５つ書けています」「教科書に証拠が３つあります」「今の声は５点満点中４点です」など、数字を入れて話すことでより具体的になり、指示や説明がよく伝わります。

「はい・いいえ」ゲームをする　19日（火）

代表１人の背中にお題（例：ランドセル）を書いた紙を貼り、代表以外にお題を見せます。代表は他の子が「はい」か「いいえ」で答えられる質問（例：生き物ですか？）をして、答えを考えます。準備が必要なく、しかも盛り上がります。

子どもの好きなことを授業に取り入れる　20日（水）

クラスや子どもたちの中で流行っているものは積極的に授業などに取り入れます。算数の文章題でキャラクターの名前を使ったり、外国語で有名人の趣味や誕生日を扱ったりすると子どもたちの目の色が変わり学習に意欲的になります。

「…かも」と考えて接する　21日（木）

「あいさつがない」「宿題を忘れる」「ダラダラしている」のような子どもの様子を見るとイライラすることもありますが、「家でけんかしたのかも」「習い事で何かあったのかも」「体調が悪いのかも」など「…かも」と考えると落ち着いて対応できます。

「なぜ？」ではなく「何？」で聞く　22日（金）

指導するべきことを子どもがした場合に「なんでこんなことをしたの？」と聞きたくなりますが、「なぜ？」で聞くのではなく「何があったの？」と「何？」で聞くと、子どもも責められたように感じることなく、落ち着いて話をすることができます。

業務に集中できる時間を意識する

23日（土）

　放課後は打ち合わせや突然の電話などがあり、自分の業務に集中できる時間は実は意外と少ないです。1日の中で業務に集中できる時間（空き時間など）を考え、その時間に何をするかの計画を立てて仕事を行うことで、働き方の改善につながります。

集中力を保つために席を離れる時間をつくる

25日（月）

　「席を離れさせるとザワザワして逆に集中力がなくならない？」と思うかもしれませんが、ずっと自席にいるより適度に体を動かす方が、メリハリがついて集中力が持続します。「○人の人と意見を交換しよう」などで積極的に子どもを動かしましょう。

驚いてほめる

26日（火）

　「ほめ言葉のバリエーションが少ない」と悩んでいる方には「驚く」がおすすめ。「もう書けたの!?」「丁寧過ぎる！」「その発想はなかったなぁ…」など、驚きながら話すと、より自然とほめることができます。

途中で話しかける子どもには無言で訴える

27日（水）

　教師が話しているときに子どもが話しかけてくることは、特に低学年で多いと思います。「今先生が話しているから…」と指導するのもいいですが、話しかけられたら話すのをストップし、その子を見つめます。これだけで十分伝わります。

「テレパシーゲーム」をする

28日（木）

　ペアや4人ぐらいのグループをつくり、お題（例：赤い果物）を出します。「せーの」のかけ声とともに同時に1人1個、お題に合う言葉を言い、言葉が一致するかどうかチャレンジするゲームです。お互いのことがわかってきた今の時期におすすめ。

机間指導でたくさん丸をつける

29日（金）

　テストでもノートでも、子どもは結局丸がもらえればとても喜びます。机間指導中は赤ペンを持ち、答え以外でも「日付が書けた」「問題が写せた」「式が書けた」「1行でも書けた」など、その子なりのがんばりが見えればどんどん丸をつけていきます。

11
November

朝1時間目までに全員をほめる

朝起きて仕事へ行くとき、皆さんはどんな精神状態で学校に向かうでしょうか。

「今日も授業がんばろう！」

「子どもたちとたくさん話そう！」

こんなふうに、前向きな気持ちでしょうか。

私もそういったポジティブな感情も当然ありますが、どちらかというと、

「今日の授業は大丈夫かな…？」

「何か問題が起きるんじゃないかな…？」

「昨日注意した子は大丈夫かな…？」

などと、不安な気持ちの方が大きいように思います。


そんな朝に職員室で、例えば校長先生から、

「○○先生、昨日ちらっと授業見させてもらったんだけど、○○のところがとてもいいと思ったよ」

なんて声をかけてもらえたらうれしい気持ちになり、「その日1日がんばろう」という意欲が高まります。

このことは、子どもたちも同じではないでしょうか。

朝は特にメンタル的に不安定な子どもが少なくありません。また身体的な疲れが見える子どももいます。

そういった子どもたちのやる気を少しでも高めるために、私は**「1時間目が始まるまでに全員に声をかけ、ほめる」**ということを自分自身に課しています。

朝教室に入ったら基本的には宿題チェックを行います。

私の目の前に提出用のかごがあるので、子どもたちが宿題を出すときに、

「いいあいさつだね」

「向きをそろえて提出してくれてありがとう」

「昨日の宿題は特に丁寧だったね」

「昨日の○○の授業での発表、すごくよかったよ」

「休み時間、みんなと仲良く遊べているね」

などのように、一人ひとりにどんどん声をかけていきます。

　私が教室に入るよりも早く登校してきている子どもには、外遊びから帰ってきたときや子どもが朝の会を進めているときに、

「宿題の○○がよかったよ」

「遊びに行く前に係の仕事をしてくれたんだね。ありがとう」

「聞く姿勢がいいね」

「みんなで遊び終わった後、ボールを

朝一番で全員に声をかけ、ほめることを習慣化しておくと、子どもの気分が上がるだけでなく、教師の「全員のよさを見つけよう」という意識が常に高く保たれる。

片づけてくれたんだね」

といったようにほめていきます。

朝一番のこういった声かけから、子どもたちの気分を上げ、朝の不安や疲れを少しでも軽減できればと思っています。

また、11月にもなると、授業などでほめられる子どもに、どうしても偏りが出てきてしまうこともあるでしょう。そんな時期でも、**「1時間目が始まるまでに全員に声をかけ、ほめる」という行動を習慣化しておくことで、全員のよさを見つけようという意識が常に高く保たれます。**

私の中でとても大切にしている取組の1つです。

11 November

ICT機器を活用して表現方法を選択させる

タブレットやパソコンなど、1人に1台ICT端末が配付されたことによって子どもたちの表現方法の幅が格段に広がりました。以前は「直接話して伝える」「紙に書いて伝える」のような表現方法が中心でしたが、ICT機器の活用が授業で当たり前になり、「ポスター」「新聞」「音声」「動画」「プレゼン」などが気軽に作成できるようになりました。

1学期からタブレットなどを使って様々な表現方法を経験したのであるならば、一度「子ども自身に選択させる」機会をつくってはいかがでしょうか。

例えば、ある単元のまとめで、

「ワークシート、新聞、プレゼンの3つの中から選んでまとめましょう」

のように、いくつかの選択肢の中から子どもに選ばせるのです。

この**「子ども自身に選択させる」ということは、子どもの意欲や力を高めるうえで非常に有効**だと感じています。

大人でもそうですが「やりなさい」と言われたことよりも、自分で選んだことの方が前向きに取り組めます。２学期後半のこの時期、特に中、高学年ならば、ある程度の選択肢を用意したうえで、子どもに選ばせる機会を積極的に与えるとよいと思います。

「なぜ新聞を選んだのか」「なぜプレゼン形式でのまとめ方にしたのか」などの理由まで言えるとなおよしです。「視覚的にわかりやすくまとめられたね」「より詳しく情報を載せるうえで新聞はいい方法かもね」と**教師からの視点も与えると、今後子どもが選択する際の基準がもてるようになります。**

少し話はずれますが、表現方法以外においても、子どもに選ばせる場面をつくることはできます。

宿題をやってこないことが多かった子どもに「授業の終わりに教科書か計算ドリルの問題を解くけれど、どちらを授業でやって、どちらを宿題にするのかは自分で決めていいよ」というような選択の余地を与えると宿題忘れが減った、という話を聞いたことがあります。

ＩＣＴ機器の導入で学び方が以前よりも多様になった今、子ども自身にその学び方を選ばせる場面をつくってはいかがでしょうか。子どもの意欲の高まりを感じるはずです。

子どもの好きなことを授業に取り入れる

私は、クラスや子どもたちの間で流行っているものには敏感でありたいと思っています。子どもたちの会話の中で、私が知らない漫画やアニメの話題を耳にしたり、人気のYouTuber の話が出てきたりした際には、時間があるときにアニメを見たり動画を見たりしています。

これは、子どもに媚びようとしているわけではありません。目的は、**「授業での意欲を高める」**ことにあります。

例えば、算数の授業で文章問題を取り上げる際、問題文の人物の名前を今流行っているアニメのキャラクターなどに変えてみます。また、国語の物語文に出てくる登場人物の心情を読み取る際に、子どもたちがよく知る人気の人物の心情と比べたりします。外国語の授業で「好きなことを聞き合う」「誕生日を聞き合う」の単元の際に、有名人の趣味や誕生日を扱ったりもします。

このように、子どもの好きなことを授業に取り入れると、子どもたちの授業への食いつきが変わってきます。子どもたちの目の色が変わり、明らかにテンションが上がるのがわかります。

「そういったおもしろさは、授業の本質とは異なるのでは？」という意見もあると思いますが、**年間1000時間以上ある授業において、こういったスパイス的な工夫や子どもにとってのおもしろさを取り入れることはかなり重要であり必要**だと私は思っています。

また、当然のことながら、子どもと関係を築くうえでも「子どもの『好き』に興味をもつ」ことは大きな効果をもたらします。

「○○さんが前話してた『□□□□』っていうドラマ、ちょっと見てみたよ。あの俳優、かっこいいよね」と声をかけて嫌な顔をする子どもには出会ったことがありません。「えっ、先生見たの⁉」とだいたいの子は喜んで話してくれます。

流行に敏感になり過ぎる必要はありませんし、流行に疎い、興味がないという先生がだめだとも一切思いません。しかし、**子どもとの関係づくりに少し課題があったり、授業がマンネリ化している場合には、とても有効な手立ての1つ**だと思います。

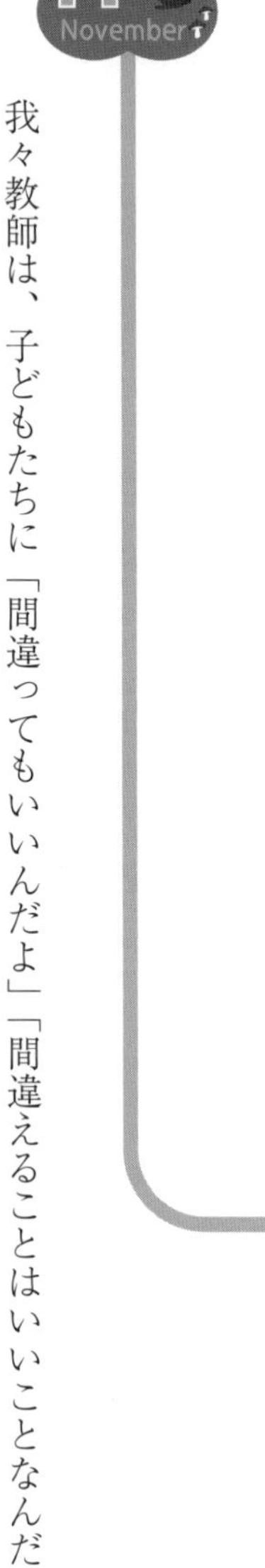

机間指導でたくさん丸をつける

我々教師は、子どもたちに「間違ってもいいんだよ」「間違えることはいいことなんだよ」と伝えます。多くの先生は「間違いを恐れないクラス」「人の間違いを咎めないクラス」を目指しているはずです。

それでも子どもは失敗や間違いを嫌がります。「間違ってもいいから言ってみて」と大人は簡単に言いますが、大人でも人前で間違ったことを言ったりしたりすることは抵抗があるはずです。これは子どもも当然同じです。

結局、子どもが一番喜び、自信が高まるのは「正解」「成功」したときなのです。ノートでも、ドリルでも、プリントでも、テストでも、そこに「丸」がもらえることが子どもにとっては一番なのです。

ですから、私は授業の中でできるだけたくさんの丸をつけるようにします。

机間指導中は赤ペンや赤えんぴつを常に持ち、子どもたちのノートにどんどん丸をつけていきます。

その際に大切なのは、**「正解だけに丸をつけるのではない」**ということです。例えば、「日付を書きましょう」と指示した後なら、きちんと指示通りに日付が書けていれば丸をつけます。授業のめあてがきちんと書けていても丸をつけます。その他にも「問題が写せた」「式が書けた」「まだ途中だが一行でも書けた」など、できている部分に注目し、どんどん丸をつけていきます。

こういったことを続けていくと「先生、できたよ～。丸つけて～」という声も聞こえてくるでしょう。子どもが意欲的になっている証拠です。

ＴＴの先生がおられるのなら、協力をお願いするとよいと思います。よりたくさんの子どもに丸をつけることができます。

「そんなことしてたら、丸をもらわないとがんばれない子にならないか」と思われるかもしれませんが、経験上そんなことはありません。日常的に丸をつけることで、子どもの自信や意欲が高まり、そういったがんばりが当たり前になっていきます。そうなると、丸をつける頻度を減らしても大丈夫。**「ここはがんばってほしいな」という部分に絞って丸をつけていくなど、クラスの成長度に合わせて取り組んでいけばよい**と思います。

子どもの考えをゆさぶる　2日(月)

例えば「1＋1＝2」という子どもの発表にはクラスメイト全員が同意しますが、「えっ、ほんとに？」と返すと「だって…」と自然に説明し始めます。「うそでしょ？」「絶対に？」「確実にそう？」などと返すと、子どもの思考が活性化します。

教師と同じスピードで書かせる　3日(火)

子どもの書くスピードが高まると、学習の質も高まります。そして「早く書きなさい」よりも「先生と同じスピードで」の方がより伝わります。何文字か書いた後に教室を回り「速いね！」「すごい！」と声をかけると、よりやる気が高まります。

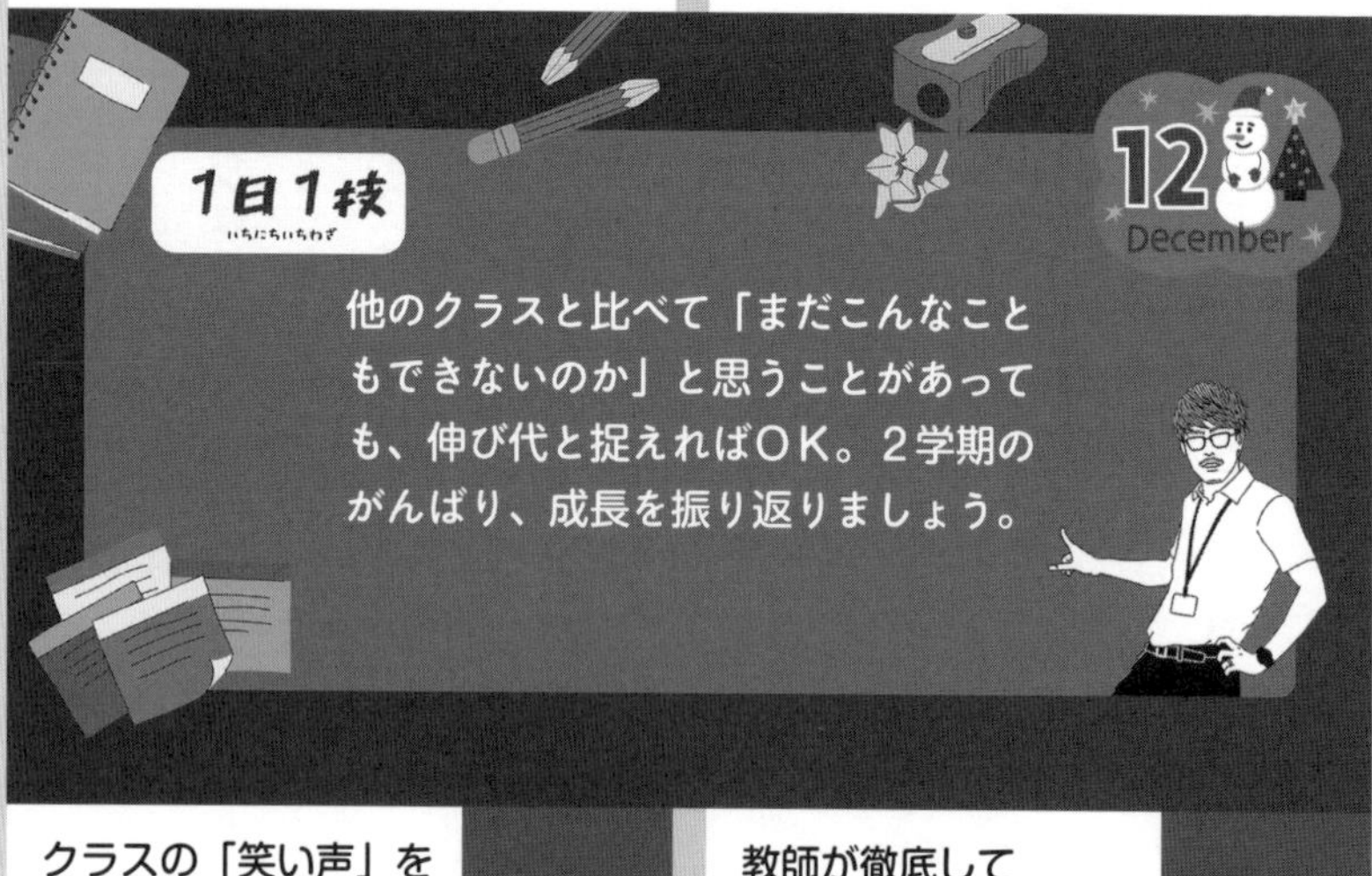

教師が徹底してルールを守る　4日(水)

4月からここまで、たくさんのルールを子どもたちに伝えてきていると思います。子どもが守れているかをチェックすると同時に「教師自身も守れているか」を振り返ります。大人がルールを守る姿が、言葉以上に子どもに伝わります。

クラスの「笑い声」をコントロールする　5日(木)

授業に適度な「笑い」は必要です。しかし中には不適切な場面での不適切な笑い声もあります。もしクラスにそのような実態があれば、笑い方や笑う場面について話し合う場を設けます。笑い方をロールプレイしたりすると、よりよく伝わります。

手拍子で注目を集める

9日（月）

「静かに」という呼びかけが届かない場合は手拍子がおすすめ。教師が「パンパンパン」と手をたたくと、同じリズムで「パンパンパン」と子どももたたくというルールにします。難しいリズムにすると、子どもの注意をより集めることができます。

挙手の呼びかけを工夫する

6日（金）

「発表できる人？」だと発表できる子どもだけが挙手するので「今は当てないで！という人？」「友だちの意見が聞きたいという人？」「言いたいけど迷っているという人？」など呼びかけを工夫すると、全員の参加意識が高まります。

「やったとき叱る」ではなく「していないときにほめる」

11日（水）

子どもの行動がなかなか変わらない場合、不適切な行動を「しているとき」ではなく、「していないとき」に注目します。そうすると「していないとき」の方が格段に多いことに気づきます。すると自然とほめる場面が多くなります。

「長い単語探しゲーム」をする

10日（火）

国語のすきま時間におすすめ。「野菜」などのお題を出し「にんじん」「キャベツ」「ズッキーニ」などお題に沿ったできるだけ長い単語をノートに書きます。「スポーツ」「料理」「赤いもの」などお題は何でもOK。教師は長い単語を調べておきます。

「ちょっと」という曖昧な指示を具体的に変える

13日（金）

「ちょっとこっち見て」「ちょっとストップ」「ちょっと書いてみて」など結構使う「ちょっと」という曖昧な指示を「30秒こっち見て」「１分だけストップ」「３つ書いてみて」などと具体的な指示に変えると、子どもの動きも変わります。

「隠す」を効果的に使う

12日（木）

写真や資料を提示するときは「一部を隠す」と子どもたちの学習への意欲がはね上がります。「何が隠れているんだろう？」「なんで隠したんだろう？」「きっと…が写ってるな」などと子どもが自然と考え始め、授業も活性化します。

「一緒に…しよう」と声をかける

16日(月)

様々な理由でなかなか活動しようとしない子どもがいれば「…しなさい！」ではなく「一緒に…しよう！」と声をかけてみます。そして少しでもできた部分をほめます。この積み重ねで子どもとの信頼関係が築かれ、子どもの行動が変わります。

話の聞き方を教える

17日(火)

「話を聞きなさい」という指示をよく耳にしますが、どう聞けばいいかわからないという場合もあるので、高学年であっても話の聞き方は丁寧な指導が必要です。「発表者の方を向く」「うなずきながら」「メモを取りながら」など具体的に教えます。

お楽しみ会を企画する前に１学期のお楽しみ会を振り返る

18日(水)

「お楽しみ会したい！」と子どもから声が上がる時期。１学期にも行ったなら、１学期どうだったかを振り返る時間をつくります。「うまくいったところ」「うまくいかなかったところ」を話し合い、次のお楽しみ会ではどうすればよいかを考えます。

お楽しみ会の目的を再確認する

19日(木)

１学期のお楽しみ会を振り返ったうえで「なぜお楽しみ会をするのか」と投げかけ、その目的を考えさせます。ただ楽しむだけではなく、お楽しみ会も勉強と同じように学びの場であるという共通認識を全員でもつようにしましょう。

○×クイズ風に２学期の復習をする

20日(金)

復習をドリルやプリントだけでするのは楽しくありませんが、○×クイズ風にすると楽しみながらできます。「７×６＝43、○か×か」と尋ね、手で大きく○か×をつくらせます。わりばしなどで○×の札をつくれば他の授業でも活用できます。

授業での個人への対応時間をできるだけ短くする

23日(月)

授業で復習等を行っていると、どうしても勉強が苦手な子に張りつきがちですが、そんなときに学級の落ち着きがなくなります。１人への対応時間を短くし、その回数を増やす方が学級もざわつかないので声をかけながら教室を何回も回ります。

24日（火）
2学期最終日までに1対1で話す機会を設ける

2学期のがんばりや成長を伝えるのは当然ですが、子どもの話を聞くことに時間を割きます。「学校に不安や不満はないか」「人間関係はどうか」「勉強に心配はないか」等すべてを受け止め、解決策を示し、すっきりした気持ちで2学期を終えます。

25日（水）
3学期の準備を進める

長期休み前はひと息つきたくなりますが、できる限り3学期に向けた教室整備や授業準備を行っておきます。「いつ3学期が始まってもよい」という状態にしておくと、心穏やかに長期休みを迎えることができます。

26日（木）
仕事は時間で区切る

「この仕事が終わるまで」など、仕事を「内容」で区切ると勤務時間が伸びがち。そうではなく「途中でも○時で終わる」と「時間」で仕事を区切った方が集中力も高まり、テキパキと仕事を進められます。私はこれで残業時間を減らせました。

27日（金）
3学期に必要な事務仕事をできるだけ進める

3学期は様々な行事やイベントがあるので、それに伴い作成しなければならない文書も多いですが、あっという間に時間が過ぎていくので、冬休み中にできる限り事務仕事を終わらせておきます。心の余裕をもつことは子どもと接するうえで大切です。

30日（月）
3学期の通知表所見の内容を考え始める

学期ごとに通知表の所見を書く学校では、3学期は1年間のがんばりをまとめて書くことが多いと思います。その場合、2学期終わりの段階でも書ける部分はあるので、少しでも書き進めておくと、3学期末の業務の負担が減ります。

31日（火）
指導要録を書き始める

指導要録も記入できる部分があるので、できる範囲で書き込んでいきます。ただし「総合所見及び指導上参考となる諸事項」の部分は学校ごとに書き方や書く内容が決まっている場合があるので、確認したうえで書き始めることをおすすめします。

12 December

挙手の呼びかけを工夫する

「授業で手をあげる子どもがいつも同じ…」と悩んでいる先生は多いと思います。子どもに挙手を促す際に、どう子どもたちに呼びかけていますか？

「発表できる人？」「発表してくれる人？」「発表してもいいよという人？」というような呼びかけ方が多いと思いますが、もしこういった言葉を使っているのであれば、発表する子どもが固定化されるのも無理はないと感じます。というのも、**「発表できる人？」というのは「発表できない人は発表しなくてよい」ということを暗に示している**からです。

この呼びかけだと、発表に自信のない子が手をあげるようにはなりません。

たくさんの子どもが様々な意見を積極的に発表するような授業を、多くの先生が目指しているはずです。そのためには、子どもたちへの呼びかけ方に工夫が必要です。工夫をすればすぐに発表が増える、というわけではありませんが、呼びかけの工夫が子どもの授業への参加意識を高め、子どもたちの積極性を育むことができます。

その工夫の1つが、先に紹介した「『同じか違うか』を考えながら聞かせる」です。発表の後に「同じ意見だったか、違う意見だったか」を尋ねて挙手を促します。この方法なら、発表ができなくともどちらかには全員が手をあげることができます。

その他の挙手を促す工夫例をいくつか紹介します。

「ノートに1つでも書けた人?」

この呼びかけは、ノートに自分の考えなどを書かせた後に使います。私は机間指導で全員がノートに書けていることを確認した後に使います。そうすると、全員の手があがるはずです。もし手があがらない子がいれば、

「あれっ、全員書けていたから全員の手があがるはずだよね?」

と挙手を促します。こういった場面では、**全員の手があがることを徹底することが重要**です。そして、挙手できたことを日々ほめ続けます。手をあげることへの抵抗をなくすことができ、自ら発表しようとする子も徐々に増えていきます。

「『今は当てないで！』という人？」
「『今は友だちの意見が聞きたい！』という人？」

これは発表に自信がない子や、発問や課題が難しく、考えがもてない子が多い場合に使う呼びかけです。発表ができない、**考えがもてない子をそのままにしておくと、どんどん授業への参加意識が薄れ、挙手しないことが当たり前になります。**

そんな子どもたちにも挙手する機会を与えることで、「授業に関わっている」という自覚をもたせ、先ほどの例と同じように挙手することへの抵抗を下げていきます。

「今の○○くんの発表が聞き取れた人？」

自分の考えがもてなかったり、自信がなかったりする場合は、友だちの意見にしっかり耳を傾けてほしいものです。その場合に使える呼びかけです。発表内容が理解できなくても「何と言っていたか」はどの子も聞き取れるはずです。**発表の前に「○○くんの発表の後に、聞き取れたかどうか聞くからね」と前もって伝えておくと聞く意識も高まります。**「聞き取れた人？」で挙手できた子に対しては、友だちの発表を大切に聞いているということをほめることもできます。

こういった「発表できる人？」以外の呼びかけの引き出しを多くもっていれば、挙手する子どもが固定化されてきた場面でも余裕をもって対応できますし、子どもたちの参加意識、積極性を高めることができます。

ぜひお試しください。

今の○○くんの発表が聞き取れた人？

友だちの意見に耳を傾けてほしい場合に使う。
発表の前に、後で聞き取れたかどうか尋ねることを伝えておく。

「今は当てないで！」という人？

発表に自信がない子や、発問や課題が難しく、考えがもてない子が多い場合に使う。
どの子にも「授業に関わっている」という自覚をもたせることが重要。

ノートに1つでも書けた人？

机間指導で全員がノートに書けていることを確認した後に使う。
全員の手があがることを徹底することが重要。

12 December

「ちょっと」という曖昧な指示を具体的に変える

「子どもたちに指示を出しても、思うように行動してくれない」と悩んでいる先生は多いように思います。指示通りに動かない子どもに問題があるとしたい気持ち、わかります。しかし、一度教師からの伝え方を見直してみてはどうでしょうか。

指示が明確で具体的ならば、子どもは迷いなく教師の意図通りに行動できますが、指示内容が曖昧だと、そうはなりません。


「ちょっとこっち見て」

「ちょっとストップ」

「ちょっと書いてみて」

「もうちょっとこうしてくれる?」

例えば右のような指示をしたことはありませんか?

「ちょっと」という指示は、子どもからするとかなり曖昧です。子どもは何をすればよいかわからず、見通しをもてずに落ち着きをなくしたり、不適切な言動をしたりすることが多くなります。ですから、こういった曖昧な指示はできる限りなくすべきです。

他にも、次のように、よく使われるけど実はかなり曖昧な指示は多くあります。

「ちゃんと並びなさい」
「きちんと片づけなさい」
「だいたいで大丈夫」
「しっかり準備するように」
「丁寧に使いなさい」

子どもとしては「丁寧に」していたつもりでも、教師の「丁寧に」と異なれば注意されます。教師は「指示通り動かない」となるし、注意された子どもも当然納得はしません。

無意識のうちに使ってしまっているこういった曖昧な指示を具体的に変えていく必要があ

ります。

曖昧な指示を一気に具体的に変える方法があります。それは**「指示に数字を含める」**ことです。

例えば、「ちょっと」を数字を含めた指示に変えると、以下のようになります。

「ちょっとこっち見て」→「30秒こっち見て」
「ちょっとストップ」→「1分だけストップ」
「ちょっと書いてみて」→「3つ書いてみて」

ご覧の通り、指示の具体性がぐっと高まります。

その他にも、次のような指示だと、何をどこまでするのかが明確になります。

「ゴミを10個拾おう」
「注意点が3つあります」

「10秒以内にできたらすごい！」
「前転の３つのコツは何だった？」
「気づいたことを最低５つ書きましょう」
「豆太の気持ちがわかる部分３か所に線を引きます」

このように、指示を出す際には、「数字を入れられないか」を常に考えるとよいです。例えば「体育館にいすを並べる」なら「全部で２００脚のいすを並べる」「１人３脚以上」「○時○分までに終わらせる」など、可能な限り数字を使った指示にすると、これからすることへのイメージ化につながります。

指示を具体的にすることには、子どもが動きやすくなる以外にも、**「ちゃんとできているのかどうか」の基準がはっきりするので、子どもをほめる場面が多くなる**というよさもあります。

また、**子どもが見通しをもちやすくなるので、活動への意欲も高まります。**「いすを並べます」よりも「２００脚並べます」の方が「よーし、がんばるぞ！」となるはずです。

12 December

「一緒に…しよう」と声をかける

何度注意してもなかなか行動が変わらない子どもがクラスにいるという先生、多いと思います。

勉強や宿題、給食当番や掃除当番などで「…しなさい」と指導しても入らない。そんな子どもには「一緒に…しよう」と声をかけ、一緒に活動を行ってはいかがでしょうか。

そういった課題のある子への対応でまず大切なのは、なぜ行動できないのか、行動が変わらないのかの原因を考えることです。原因を考えず、対応も変えずに、ただ「…しなさい」という指導を繰り返していても、子どもが変わるはずはありません。

主な原因は4つあるのではと私は考えています。そして「一緒に…しよう」という声かけは、この4つの原因すべてに対して有効です。

1つ目は**「単純にめんどくさい」**です。その場合は一緒に活動することで、そのめんどくささを軽減させます。教師が手伝いながら少しでも本人ができた部分に注目してほめることができます。

2つ目は**「やり方がわからない」**です。やってもいいんだけど、どうやったらいいかわからない。この場合も一緒に教えながら行うことで解決できます。

3つ目は**「間違い、失敗が怖い」**です。失敗は子どもだけでなく大人でも嫌なもの。失敗することを避け、成功体験を積ませるためにも、一緒に活動することは大きな効果があります。

4つ目は**「教師とよい関係が築けていない」**です。ここに悩んでいる先生も多いと思います。しかし、ただ放っておいて関係がよくなることはありません。やはり関わり続けることが必要です。嫌がるそぶりを見せたとしても、一緒に過ごす時間を増やしていくことが大切です。

このように「一緒に…しよう」という声かけは、多くの状況で活用できます。

これら4つの原因に共通することは、**子どものもつ「不安」**です。やり方がわからない不安、失敗する不安、「めんどくさい」も突き詰めれば不安に行きつくのではと思います。同じ時間を共有することが子どもの不安を小さくします。そしてお互いの関係性が構築され、子どもの行動が変わっていくと考えています。

冬休み明け、初日の語りを考える　2日(木)

特別なことを話す必要はなく、4月、9月の学級開きで話したことをもう一度確認します。その中で1、2学期にがんばったことや成長したことはしっかりほめ、「3学期は特にここをがんばろう」ということをできるだけ具体的に伝えます。

冬休み先生クイズやお正月クイズをつくる　3日(金)

3学期初日を楽しく過ごせるようにクイズを用意します。「お年玉は昔、お餅だった」「ポチ袋の『ポチ』は犬の名前が由来」「鏡餅の上にのっているのは『みかん』」のように季節にちなんだ○×クイズがおすすめ。盛り上がり、勉強にもなります。

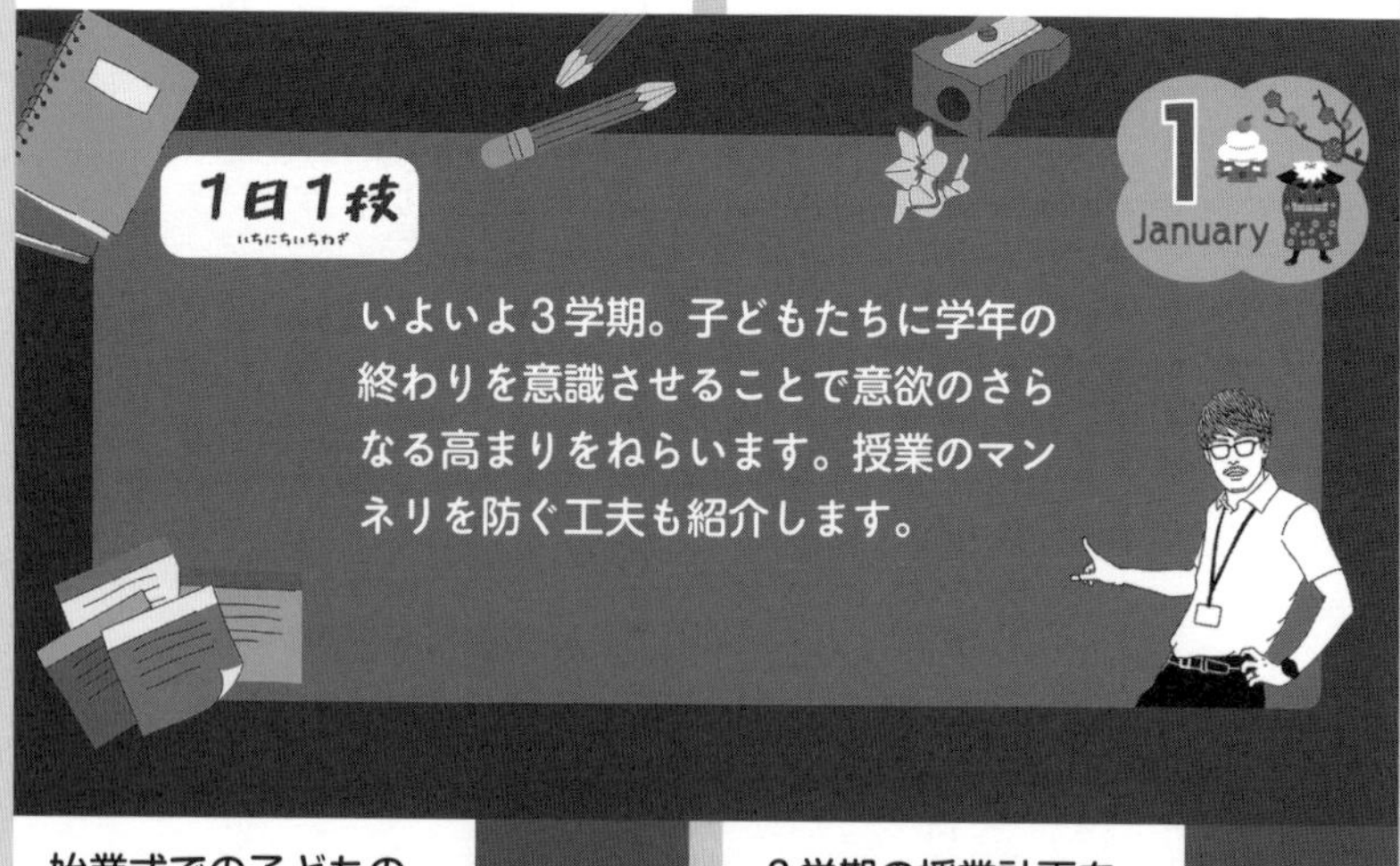

3学期の授業計画を考える　6日(月)

3学期は全単元を終わらせるためにどうしても授業が駆け足となり、理解できていないまま次の学年に上がってしまうということが起きがちです。余裕をもって学習を進め、3月には復習の時間も取れるよう、しっかり計画を立てます。

始業式での子どものよい姿をほめる　7日(火)

初日からたくさんの子どもをほめれば当然よい雰囲気の中で3学期をスタートすることができます。「3学期なんだからできて当たり前」ではなく、どんな小さなことでも見逃さずにほめます。初日に全員に声をかけ、ほめられればベストです。

学級目標を踏まえ学級のゴールを再確認する 8日(水)

3学期をどう過ごし最後にどんな姿を目指すのかを話す際には、必ず学級目標をベースにします。目標をただの飾りにせず、常にそこに立ち返って学級のあるべき姿を考え、実際に成長していくことで、子どもたちも学級目標の大切さを実感します。

「もう一度0から」と考えて3学期をスタートする 9日(木)

「3学期なのに何でこんなこともできないの」「3学期なんだからこれぐらいできないとダメ」という考えでは子どもの「できていない部分」に注目してしまいます。4月の気持ちを思い出し、できることを当たり前と思わず、ほめていくべきです。

カウントダウンカレンダーを作成する 10日(金)

「学級解散まであと何日？」を意識すると日々の生活の質が向上します。30人学級なら、残り30日までに1人1枚「あと○日」のカレンダーをつくり、黒板に掲示します。そこに「みんなへのメッセージ」等を書くとモチベーションも高まります。

担任が一番を目指す 13日(月)

「あいさつ」「返事」「音読の声」「時間への意識」など、子どもに「よくしていこう」と訴えていることについては、教師が模範として「一番よい姿」を示すべきだと私は思っています。そうするとクラスのレベルも、自然とさらに上がっていきます。

ほめることが苦手なら「事実」を伝える 14日(火)

ほめることが苦手ならば、「事実をそのまま伝える」ことがおすすめ。「時間までに座れてるね」「掃除できているね」など気づいた事実を伝えます。「すごい！」と言わなくても「ちゃんと見てくれている」と子どもは感じます。高学年で特におすすめです。

自分から教科書やドリルを開きたくなる工夫をする 15日(水)

「今日習う漢字の中にクラスの友だちの名前に使われている漢字があるよ」「今日勉強する教科書のページにおもしろいキャラクターが出てるよ」「今日のドリルのページにみんな『えー！』って言うよ」などと言うと興味をもち、自らページを開きます。

ゆっくり歩きながら話す　16日（木）

大事な話をする際、子どもの集中力が切れていると感じるなら、机の間を歩きながら話すことをおすすめします。先生が近くに来ると子どもの緊張感が上がり、聞く意識も高まります。「しっかり聞けているね」と近くでしっかりほめることもできます。

「がんばれ」ではなく「がんばっているね」と伝える　17日（金）

できないことに対して「がんばれ！」と言うと、時に子どもにとって負担になることがあります。「がんばっているね！」と声をかけると、がんばりを認めるところからスタートするので、「がんばってみようかな」と子どもの意欲がより高まります。

沈黙をうまく活用する　20日（月）

不適切な言動や、ざわついた雰囲気に対して大きな声で指導したくなる気持ちはわきますが、「沈黙」も非常に効果的です。特に話している途中に急に黙ると、子どもが注目し、不適切な言動も自然と収まることが多いです。

授業で名前札マグネットを活用する　21日（火）

マグネットでつくった名前札は授業で非常に重宝します。「AとBどちらに賛成か」と自分の考えを表現する際にも使えるし、発表を板書する際に名前札を貼ると、だれの発言か一目瞭然です。板書を写真で残しておくと評価や所見を書く際に重宝します。

「君は？」ではなく「みんなは？」と聞く　22日（水）

例えばクラスや人間関係のことで悩みがある子どもに「君はどう思っているの？」と聞いても話しづらい場合があります。そんなとき「みんなはどう思っているの？」と聞くと、自分だけのことではないので話しやすくなる傾向があり、おすすめです。

「ランダム指名」を活用する　23日（木）

ランダムに指名することで授業の緊張感を高められます。くじ引きや番号がランダムに表示されるアプリを使うと盛り上がります。ただし、発表が苦手な子もいるので、全員が答えられるような簡単な問題や発問での活用をおすすめします。

問題文にクラスの子どもの名前を用いる

24日（金）

算数の文章題などで「○○さん」と個人名が出てくる場合、クラスの子どもの名前に変えて提示すると盛り上がります。当然本人に許可を得たうえで使いますが、経験上「次は僕の名前を使って！」「私のも使っていいよ」と次々立候補があります。

ものを持って話をする

27日（月）

例えば掃除道具が整理されていないことを指導する際に、実際に掃除道具を持って子どもの前に立つと「掃除で何かあったのかな…？」と、聞く意識が高まります。ものを持って話をすることで、より子どもの注意をこちらに向けることができます。

怒ることが多い事柄は環境を変えてみる

28日（火）

これまで何度指導しても変化がない場合は、子どもに直接指導するのではなく「環境」が変えられないか考えてみます。落ちているごみが多いならごみ箱の数を増やす、私語が多いなら座席配置を変えるなどです。驚くほど変化することもあります。

指示の内容をペアで確認させる

29日（水）

教師の指示内容を確実に伝えるために、指示を出した後にすぐ動かすのではなく「これから何をするのか隣と確認しよう」と呼びかけます。聞いていなかった子どもも確認ができるので、ほぼ100%指示が通ります。大事な内容ほどおすすめです。

フラッシュカードの提示の仕方を工夫する

30日（木）

授業開始時にフラッシュカードを使用している方も多いと思いますが、３学期にもなるとマンネリ化してくることもあります。「少しずつ示す」「高速で示す」「上下逆さまで示す」「子どもに教師役をさせる」などの工夫で、マンネリを打破できます。

インタビュー形式で指名する

31日（金）

子どもにおもちゃのマイクを向け「豆太はなぜ…したと思いますか」「この計算方法が１番簡単な理由は何ですか？」と発問すると、テレビのインタビューのようになり盛り上がります。「ちょっとご意見よろしいですか？」と指名してもおもしろいです。

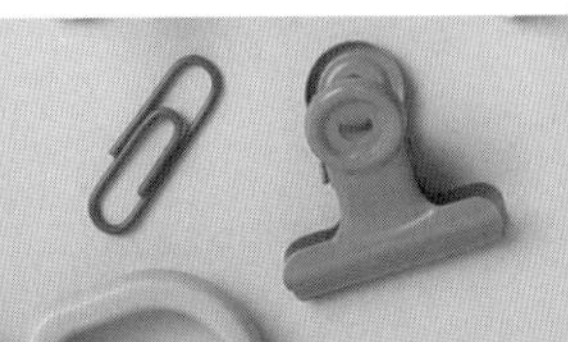

1
January

カウントダウンカレンダーを作成する

3学期に「卒業まで」「〇年生の終わりまで」とカウントダウンカレンダーを作成する実践を行っている先生は多いのではないかと思います。私も6年生を担任したときに限らず、どの学年を受け持ったときにも必ず作成しています。

では、先生方はなぜカウントダウンカレンダーを子どもにつくらせていますか？「流行っている実践だから」だと少し寂しいところです。せっかく時間をかけて作成するのなら、そこにしっかり目的、意味をもたせることが大切です。そして、**その目的を、子どもと一緒に考える時間を少しでも取ることが必要**だと私は考えます。

「カウントダウンカレンダーってつくったことある？」

「あるある、去年もつくったよ！」

「カウントダウンカレンダーって、なんでつくるのかな？」

「つくると何かいいことがあるのかな？」

このように投げかけ、考えさせます。

「あと○日だからがんばろうって気持ちになる」

「1日1日を大切に過ごせるようになる」

のような意見が子どもから出てくるといいですね。出てこない場合は担任から伝えます。

残り日数を具体的に示すことで1日1日の重みが変わっていき、日々の生活の質が向上します。学年末の3学期、成長スピードをぐんとアップさせるためには、とても有効なアイテムです。

つくり方としては、私は1人に1枚、A4程度の大きさの画用紙につくらせるようにします。30人学級なら「残り30日」になるまでに一人ひとりに日付を割り振って作成させます。1枚に限らず書きたい子にはたくさん書かせるという実践も見たことがありますが、私は**残り日数1日1日により重みを感じてもらいたいという思いから「1枚入魂」でつくらせます。**

カレンダーには「日付」「残り日数」「名前」など基本的な項目は示しますが、あとは子どもたちに任せます。「みんなへのメッセージ」「今年1年の思い出」などを書かせるとよりモチベーションアップにつながります。

自分から教科書やドリルを開きたくなる工夫をする

小学校、中学校では年間約1000コマの授業があります。教える側からすると大変な数ですが、授業を受ける子どもにとってもすごい数です。毎日チャイムが鳴れば席に着いて学習を行う姿に、本当に頭が下がる思いです。

そんな子どもたちが、少しでも「授業が楽しい」と思えるような工夫をすることが、我々教師の責務の1つだと思っています。

「年間1000コマの授業で毎回工夫なんてできない」と思われるかもしれません。しかし、**何も特別なことをする必要はなく、ちょっとの工夫でいい**んです。準備が必要なく、自分から教科書やドリルを開きたくなる工夫を紹介します。

例えば「せーので教科書を開いてぴったり52ページになるかな？　せーの！」という実践。準備はまったく必要ありませんが、これだけでも子どものテンションは上がります。

その他にも、次のように話すと、子どもたちは自然と教科書やドリルを手に取ります。

「今日習う漢字の中に、クラスの友だちの漢字があるよ」

「今日の問題文の中に、先生の弟の名前が出てくるよ」

「教科書にある写真がなんか不思議なんだよね」

「教科書に載っている、これからする実験はかなりおもしろいよ」


また、多少ネガティブな要素を含めると、子どもの興味は高まります。


「教科書にあるこの言葉は、今日覚えておかないと大変なことになるよ…」

「今日の問題は、みんなが『えーっ!』ってなるよ!」

「小学校で勉強する難しさランキングベスト1位だ!」


授業がマンネリ化してくる3学期。こういったちょっとした工夫が、子どもの意欲を高めます。

「がんばれ」ではなく「がんばっているね」と伝える

「がんばれ！」を「がんばっているね！」に変える。

私が大切にしている教育観は、突き詰めればここに詰まっているように感じます。

「がんばれ！」は、相手を勇気づけるには大切な言葉ですし、私も当然使います。

しかし、この言葉、使うタイミングによっては、

「今よりもっとがんばりなさい」

「今はがんばれていないからがんばりなさい」

という意味になりかねません。

子ども自身はがんばっているつもりなのに、そこに「がんばれ！」と言われると、逆に意欲を失わせる可能性があります。


対して、**「がんばっているね！」は、これまでのがんばりや努力を「認める」言葉**にな

ります。

子どもとの関係を構築するため、子どもの自信を高めるため、子どもの成長を促すため、また子どもの行動を変容させるためには、子どものありのままを「認める」ことからスタートすべきです。

大人でも同じです。いつも「がんばれ！」と発破をかけてくる人よりも、今の自分を受け止め、がんばりを認めてくれる人の方についていきたいと思うし、話を聞きたいと思うはず。

子どもに対してたとえ「こうしてほしい」という思いがあったとしても、まずは次のように声をかけます。

「すごいじゃん！」
「こんなにできるようになったんだね！」
「ここここはできてる！」

この声かけは、子どものできている部分やプロセスに注目しています。

できている部分をほめることで、子どもの自信は高まり、関係構築にもつながっていきます。

そして、関係ができ上がれば、成長を加速するための「がんばれ！」も届くようになるかもしれません。


なかなか行動が変容しない。

不適切な言動がなくならない。

意欲が高まらない。

そういった子どもたちに対して、まずは「がんばっているね！」という声かけによって、子どもを認めることから始める。


がんばってる！

これまでのがんばりや努力を「認める」言葉。
子どもとの関係を構築したり、子どもの自信を高めたり、子どもの成長を促したりするためには、子どものありのままを「認める」ことからスタートすべき。

使うタイミングによっては、「今よりもっとがんばりなさい」「今はがんばれていないからがんばりなさい」という意味になりかねない。
子ども自身はがんばっているつもりなのに「がんばれ！」と言うと、意欲を失わせる可能性が。

3学期だからといって、決して遅過ぎるということはありません。

むしろ、ここまでを振り返れば、その子が実はがんばっていた部分が多く見えてくるはずです。

ぜひそれらにスポットを当ててください。

そのがんばりを伝えてあげてください。

続けることで子どもに変化が見られるはずです。

1 January

指示の内容をペアで確認させる

様々な手立てを講じてきたけれど、それでもなかなか話が伝わらない、指示が通らない、という子ども。そういった子にも、ほぼ100％指示を通す方法を紹介します。

それは**「指示後に隣と指示内容を確認してから子どもを動かす」**です。

教師からの話の後に、

「今先生が話したことは大切なことだから、隣の人と『先生は…って言っていたよね』とお話ししよう」

と投げかけます。

すると、聞いていなかったとしても隣の子に教えてもらえるし、もし2人とも聞いていない場合でも「グループで話してもいいよ」とすれば、ほぼ全員に伝わります。

ペアで確認させた後に「だれかみんなの前で言ってくれる？」とすれば、より100％に近づきます。

「そんなことばかりしていたら、1回で話を聞く子に育たないんじゃないか」と思われるかもしれません。

当然「1回で話を聞く」を目標とすることは大切です。しかし、だからといって「1回で話を聞きなさい」という直接的な指導を続けるだけでなく、**教師側の工夫で話や指示を聞けた状況をあえてつくったうえでほめる**のです。工夫によって聞けたのだとしても、「よく聞けたね」とほめ続けます。すると、子どもたちの聞くことへの意識が高まり、1回で聞けるようになっていくのです。

「1回で聞きなさい！」はだれでも言えます。そこに工夫を加えて、そんな子どもに育てていくことが教育のプロとしての仕事です。

そもそも、1回で話を聞くことは、思っている以上に難しいことです。先生の中にもパソコンやタブレットなどのＩＣＴ機器に関する職員研修で話を聞き逃し、「次、どうするの…?」となっている方はよくいます（私にもあります…）。

ですから、「3学期なのに全然聞いていない…」と落ち込む必要はありません。**何度話しても伝わらないことを、それでも工夫を凝らしながら何度も何度も伝え続ける。**これも教師の大切な役割の1つです。

思考ツールを板書で活用する　1日(土)

「板書がいつもワンパターン…」「板書をレベルアップさせたい」という場合は、思考ツールを活用することがおすすめ。板書が構造化し、視覚的によりわかりやすくなります。私がよく活用するのは「イメージマップ」「ベン図」「ＸＹチャート」です。

「早くしなさい！」ではなくできていることに注目する　2日(日)

「早くしなさい！」と言ってはいけないというわけではありません。しかしその前に「…はできたんだね」「…しようとしていたんだね」と、今できていることや、やろうとしていることを認めた方が、子どもの行動に変化が見られます。

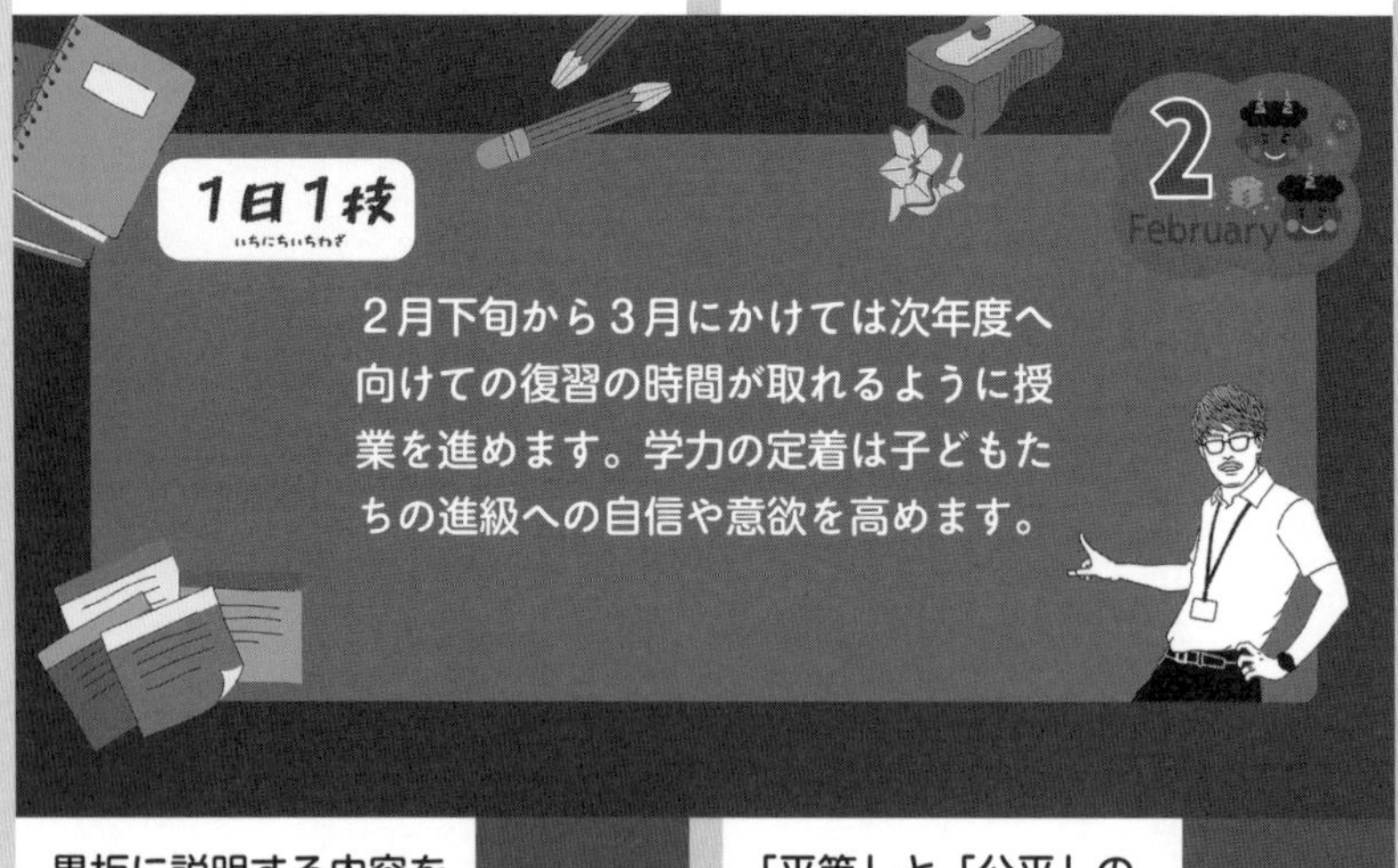

「平等」と「公平」の違いを伝える　3日(月)

「なんで僕ばかり怒られるんだ…」などと不平不満を口にする子どももいるかもしれません。その場合は「平等と公平の違い」を伝えます。「毎回宿題を忘れる子とたまたま一度忘れた子は同じ指導になるか」という例がおすすめです。

黒板に説明する内容を暗号化して書いておく　4日(火)

子どもに確実に伝えないといけないことは忘れ防止のために黒板に書いておくのですが、「ず ちょ わ (図工、彫刻刀、忘れない)」「た い ひ う (体育、委員会、昼休み、運動場へ)」と暗号のように書いておくと、予想で楽しめます。

5日(水)
活動をストップする合図を決めておく

毎回「静かにして！」「手を止めて！」と言うのではなく、活動をストップする合図を決めておくと楽です。先生が「手をグーの形をしてあげていたら」「3回手をたたいたら」手を止めると決めます。「声をかけずに気づけたね」とほめることができます。

6日(木)
落ち着きがないときは目をつぶらせる

2月は3学期の中では中だるみする時期ですから、クラスに落ち着きがないとき、静かにさせたいときには目もつぶらせ、気持ちを落ち着けます。「目を開けたら教科書を見て気づいたことを○個書こう」など、活動の前にするのもおすすめです。

7日(金)
指示、発問には数字を入れる

「前転のコツは何だった？」ではなく「前転の3つのコツは何だった？」、「気づいたことを書きましょう」ではなく「気づいたことを5個書きましょう」など、指示や発問に数字を含めると、見通しが立ち、子どもの意欲がより高まります。

10日(月)
最後の授業参観は子どもの成長が見えるよう計画する

最後の参観日は、1年間の成長を保護者が見てわかるように計画します。発表会形式が全員の活躍の場を保証できるのでおすすめです。1年間の学びのまとめ、音読発表会、総合的な学習の時間のまとめなど、全員にしっかり発言する機会を与えます。

11日(火)
最後の学級懇談会は次の学年のことについて具体的に伝える

学年末の学級懇談会で話す内容の中で評判がよいのが、次の学年についての話です。主な学習内容、大きな行事の日程、春休みに復習しておくべき学習内容など、できるだけ具体的に伝えることができるとよいでしょう。

12日(水)
「範読間違い探し」をする

授業では教師が音読するのを聞かせる場面も多いと思います。その際、ときどきわざと間違えて読み、読み終わった後に子どもに間違いを指摘させます。「間違いを探す」という目的があるので、子どもの聞くことへの集中力がより高まります。

13日（木）授業の振り返りをペアで会話させる

授業の最後に振り返りをノートに書かせる先生は多いと思います。書くことに慣れてきたなら「話す」こともおすすめ。はじめは「書いてから話す」という順番でよいですが、書く前に話せるようになると、話す力や表現力が身についている証拠です。

14日（金）よくない行動を減らすのではなく、よい行動を増やす

「よくない行動を減らす」という視点だと、どうしても怒ったり、注意したりすることが多くなります。「よい行動を増やす」という考えで接すると、ほめることが多くなります。子どもの自尊心を傷つけず、自信を高められます。

17日（月）教師が授業に遅れた場合に何をするのかを決めておく

休み時間のトラブル対応や突然の連絡などで、授業に遅れて行くこともあると思います。そんな場合、何をして待つのかを前もって決めておくと、教師がいなくても落ち着いて過ごすことができます。教科ごとに決めておくことをおすすめします。

18日（火）順序性のある写真などの資料はバラバラで示す

５年社会で「新聞が家に届くまで」が教科書に写真で説明されていますが、その写真をバラバラに示し、正しい順に並べるように伝えると、子どもは意欲的に観察します。国語の物語文や説明文を順番を入れ替えて文章を示すのもおもしろいです。

19日（水）「自分でやりなさい！」ではなく、手伝ってほしいところを聞く

行動に移そうとしない子どもの中には、さぼっている子どももいるかもしれませんが、「やり方がわからない」「自信がない」という子が少なくありません。「どこを手伝えばいいかな？」と声をかけると、子どもも安心して取り組めます。

20日（木）ワードウルフゲームをする

グループにお題（例：エアコン）を１人ずつ配り、１人だけ他とは違うお題（例：扇風機）を配ります。だれが違うお題を持っているかはわからない状態で「暑いとき使うよね」などと会話しながらその１人を当てます。ハラハラしながら楽しめます。

固定観念を捨て、すべての子どもに活躍の場を与える　21日（金）

学年末ともなると、ほめられる子、怒られる子が固定されがちです。教師も「あの子はまた何かしでかすだろう」という先入観をもっていないでしょうか。教師の固定概念は子どもに伝わります。取っ払い、教師こそ公平に子どもを見るべきです。

「何の音？」ゲームをする　24日（月）

落ち着かないときに静かな雰囲気をつくることができるおすすめゲーム。子どもに目をつぶらせ、教師は鉛筆などである場所をたたき、どこをたたいているのかを子どもに当てさせます。シーンとした場面を意図的につくることで学級を落ち着かせます。

曖昧な表現をあえて使ってみる　25日（火）

子どもへの指示は具体的であることが鉄則ですが、学年末のこの時期には「しっかりやろう」「○年生らしくないね」など、あえて曖昧な表現で指示してみます。これまでの経験を踏まえ、子ども自身が考えて動くことができれば、育っている証拠です。

「漢字たし算クイズ」で漢字を復習する　26日（水）

新出漢字の学習が終わるころに、楽しく復習するゲームの１つ。「糸＋１＋一＋ム＋八＝？」というように漢字を分解して、どの漢字なのかを考えさせます（答え：統）。子どもが問題を考え、友だち同士で出題し合うのも盛り上がります。

授業の進み具合をチェックする　27日（木）

もしまだ終わっていない単元があるのなら、授業計画を考え直します。３月に復習の時間を取るために、どれぐらいのペースで授業を進めるのかを考えます。もし順調に学習を終えられているのなら、次の学年に向けた復習の計画を立てます。

最後の１か月のために、１月、２月を振り返る　28日（金）

いよいよ今年度も残り１か月。最高の１か月にするためにも、３学期ここまでがどうだったかを振り返ります。できている部分とまだまだ改善できる部分を明確にし、学級のゴールに向けて、全員で取り組んでいくという共通認識をもちます。

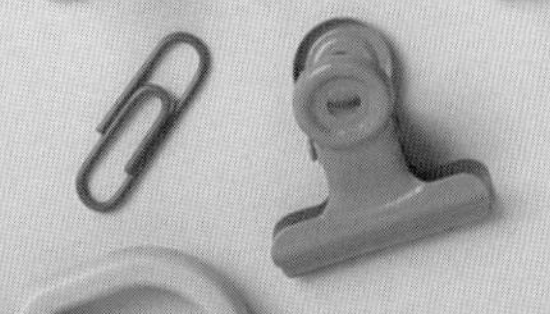

2 February

授業の振り返りをペアで会話させる

授業の最後に行う振り返りは、ノートなどに「書く」場合がほとんどだと思います。また、振り返りや感想を共有する際には「書いたものを話す」ことが多いです。

この「書く→話す」は、話すときの不安を和らげます。書かずに発表を促すと、おそらく多くのクラスでは、話すことが好きな決まった子どもしか発表しないでしょう。多くの子どもが意見を述べられるようにするためにも、「書いてから話す」は有効な手立てですし、継続することで話すことに慣れていくこともできます。

しかしこれは逆に、「書かないと話せない」「書けないと話さない」という状況も生む可能性があります。そこで、「書く→話す」に十分慣れてきて、さらに成長をねらうのならば、**書かなくともそのときに感じたこと、思考したことを言語化し、そして口に出して表現するという経験も必要**です。

これができるようになれば、授業の中で自分の考えを発表するだけでなく、他者の考えにも即興的に反応することができ、ただノートに書いた自分の考えを述べる一方通行な発信ではなく、お互いがお互いの考えに関わり合える、本物の話し合いになっていきます。そして、やがて子どもたちの判断力や表現力の高まりにもつながっていきます。

とはいえ、授業中いきなり「話して」とするのはなかなかハードルが高いので、まずは授業の振り返りから始めてはいかがでしょうか。**「書く→話す」を「話す→書く」と入れ替えてみる**のです。振り返りは日々継続して行っていることだと思うので、いきなり話すことにも抵抗は少ないでしょう。

書いたものを話すよりも、たどたどしさや、「えー」「あのー」が入ったり、同じ表現が繰り返されたりすることもあると思います。しかし、それが自然な表現の仕方です。**「もっとスラスラ話せるように」なんて言わず、自分の言葉で話そうとしたその姿勢を評価していきます。**

また、書かなければ短い話で終わってしまうことも考えられますが、これは当然のことです。大人でもいきなり「話してみて」と言われれば難しいものです。「話してから書く」を少しの時間でも継続していけば、話す力は少しずつ伸びていきます。

話す力が伸びると、授業のレベルは格段に上がっていきます。

2
February

教師が授業に遅れた場合に何をするのかを決めておく

3学期も後半が近づき、様々な学級を見て「クラスが育っている」と感じる場面の1つに、**「担任がいなくても落ち着いてやるべきことができている」**があります。

保護者からの電話対応や、子どもへの指導などで教師が授業に遅れるということは、日常において起こりうることです。

「うちのクラス、私がいないときすごくうるさい…」であったとしても、これまでに「担任がいない場合はどうするか」の話をしてこなかったならば、そこまで問題は大きくありません。子どもたち自身が「何をすればよいのかわからない」または「静かにする必要があるということがわかっていない」のならば、しっかり話す機会を設ければ、クラスに変容が見られるはずです。逆に、そういった話をたびたびしているにもかかわらず騒がしいことが続くのであるならば、対策が必要です。

子どもへの伝え方としては、まず「教師もやむをえず授業に遅れる場合があるということと」、そして「担任がいなくとも周りのクラスへの影響を考えると静かに過ごす必要があるということ」を理解させます。

そのうえで「教師がいないときに何をするか」について話しますが、低学年であるならば「算数なら…。国語なら…。他の授業なら…」と教師から示してもよいと思います。一方、高学年ならば子ども自身に考えさせ、「たとえしていることが個人個人で違っていたとしても、落ち着いて過ごせているのならばＯＫ」としてもよいでしょう。

教室に戻った際に、静かに過ごせていた様子を感じたならばほめましょう。「先生がいないところで正しく行動できることはクラスが成長している証」だと。しかし、実際教師がいないときに何があったのかをすべて把握することは難しいですし、雰囲気から「あれっ、ちょっと落ち着いてなかった?」と感じることもあると思います。そんなときは、**休み時間などに「あの時間、みんなどうだった?」とこっそりだれかに聞いてみたり、「先生がいなかったあの時間」というテーマで日記を書かせたりすると、教師が知らないクラスの状況を把握できたりします。**

教師がいなくても子ども自身が適切な行動をできることは非常に大きな成長です。教師がいないときにどうふるまうべきかという話は大切にしましょう。

2 February

固定観念を捨て、すべての子どもに活躍の場を与える

学年末が近づいてきたこの時期。クラスの中で「よくほめられる子」と「よく叱られる子」が固定化してはいないでしょうか。

よくほめられる子には「またがんばってくれるだろう」というポジティブな見方をする一方で、よく叱られる子には「また何かしでかすかもしれない」というネガティブな見方をしてしまうことがあるかもしれません。声をかけるのが叱るときだけという子がいるのならば、それはとても悲しいことです。

例えば、よく叱られる子がやるべきことをやっていない場面に遭遇すると、「またあの子は…」と理由を聞くこともなく否定的な対応をしてしまいがちです。

しかし実は「体調がすぐれない」「友だちとトラブルがあった」「何をすればよいかわからずに不安だった」といった理由があるのかもしれません。

こういった理由があるにもかかわらず、「やるべきことをやりなさい」という指導は適

切かどうか。この場合、教師のもつ固定観念や先入観によって子どもの自尊心を傷つける可能性があります。これでは子どもの行動が改善することは決してありません。

こういった固定観念は取り払い、**過去にあったことが0になることはないにしても、それでも1日1日をリセットし、新しい目で子どもに向き合い、寄り添っていくことが大切**です。

そうした視点をもつことができれば、課題の多い子のがんばりや、ほめることができる部分がきっと見えてくるはずです。

子どもと関わるうえで、こういった固定観念が邪魔をすることは多いように感じます。「○年生はこうあるべき」「男なら…、女なら…」「全員が同じようにするべき」「自分の力でさせるべき」などです。**こういった固定観念が子どもを追い詰め、その子らしさが失われることもありうる**のです。そして、そういった先入観は子どもにも伝わります。

もちろん、クラス全体の統一感や秩序を保つために、ある程度の枠組みは必要です。しかし、それでも、子どもの成長や自信を高めるために「また叱られることをするだろう」「…させるべきだ」といった固定観念は捨て去りましょう。

色メガネでなく、公平で曇りのないメガネを教師はもつべきです。

2 February

授業の進み具合をチェックする

学年末になりましたが、授業の進み具合はどうでしょうか。「1学期、2学期の積み残しがあって、なかなか大変…」という先生もいらっしゃると思います。

3学期は、当然のことながらすべての単元の学習を終わらせる必要があるので、授業の進行がどうしても駆け足となってしまう傾向があります。その結果、3学期の単元の学習内容がしっかり定着していない、1年間の復習に十分な時間が取れない、という状況になり、勉強が苦手な子は苦手なままで次の学年に進級してしまう、ということが起こりかねません。

「ちょっときつい…」「復習の時間が取れないかも…」ならば、残っている単元に軽重をつけるなど、授業を計画的に進めていくことが重要です。なんとかして復習する時間は確保しましょう。

また、1年間すべての学習内容を復習することは物理的に不可能です。ですから、次の学年の学習のために押さえておきたい内容に絞り、効率的に復習を進めていく必要があります。特に算数は積み上げの教科ですから、できれば理解できていない部分を残しておきたくありません。今年度の学年で苦手な子が多かった単元や、次の学年でつまずきやすい学習内容と関連のある単元を中心に復習できればよいと思います。ＩＣＴも活用し、個々の苦手にも対応しておきたいところです。

復習を行う際に1つ注意したいのが、**子どもたちの苦手へアクセスすることは大切でも、それによって「やっぱり自分は勉強ができない…」「算数がより嫌いになった…」とならないようにする**ことです。

教師としては、子どもができないことをできるようにしたいという思いは強いはずです。しかし、その思いが強いがゆえに「何でわからないの」「もっと練習しないとだめだよ」と、苦手さの原因を子どもに求める対応は絶対にしてはいけません。

苦手な内容に取り組ませつつも、できている部分に注目してがんばりをほめながら進めます。また、プリントやドリルで勉強するだけが復習ではありません。楽しく復習する方法もたくさんあります。2月、3月でいくつか紹介しているので、ぜひ子どもたちと楽しみながら復習に取り組んでみてください。

2日(日)
様々な場面で「最高」を目指す

例えば「連続忘れ物0」「指名なし発表回数」「給食配膳タイム」「帰りの準備タイム」など、クラスで数値化して記録しているものがあれば、この1か月はこれまでで最もよい記録を目指すようにします。クラス全体のモチベーションが上がります。

3日(月)
次の学年を意識して1か月の過ごし方を考える

学年末は次学年を意識した学校生活を送らせます。教師が「次の○年生はこうあるべき」と示すのではなく、「○年生はどんな姿？」と子どもに考えさせ、「できるところからやってみよう」と投げかけます。意識した行動が見られたら大きく評価します。

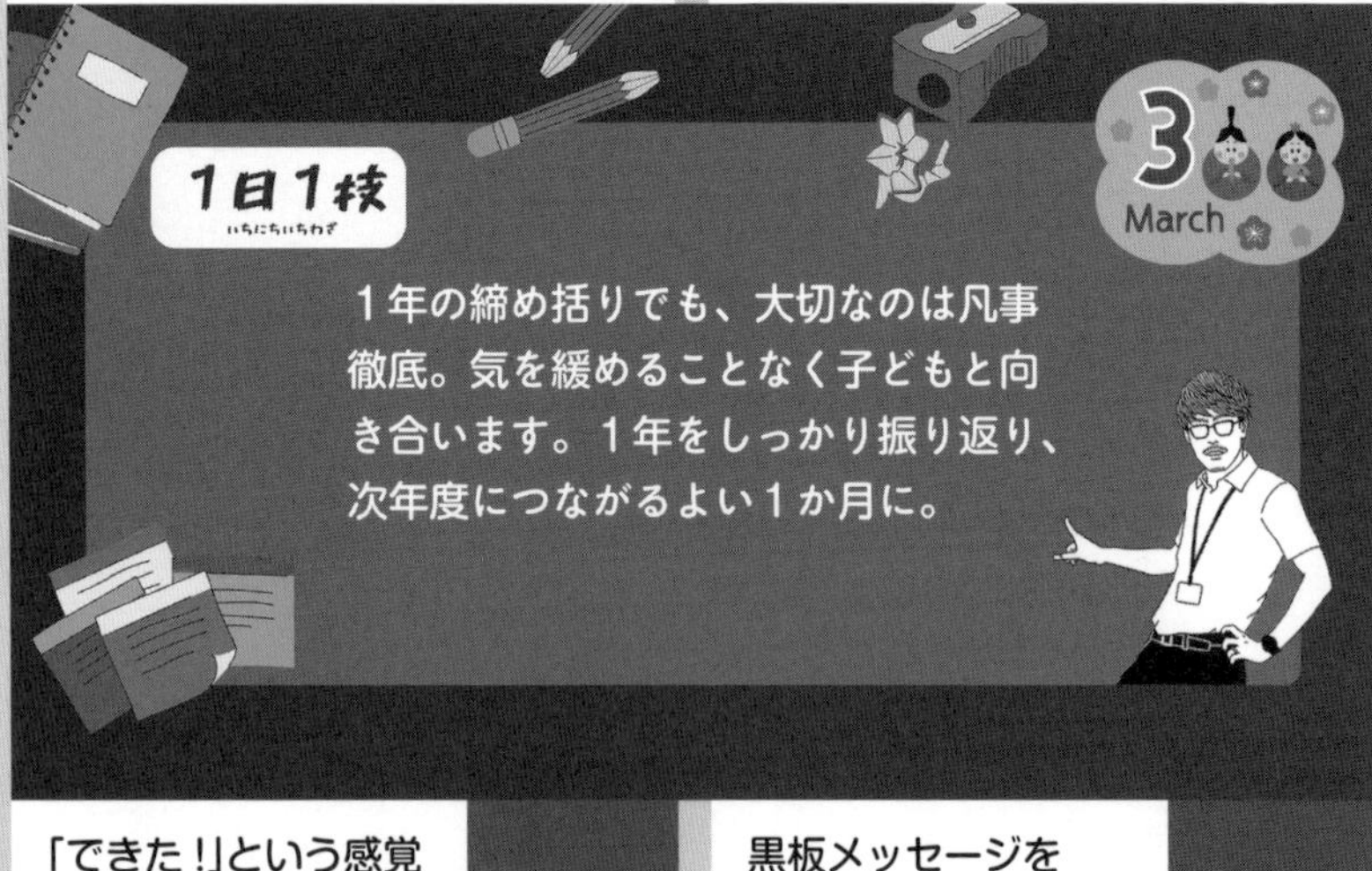

4日(火)
黒板メッセージを穴埋めクイズ風に伝える

やる気を高めるために、朝の黒板に昨日のよかったところや今日がんばりたいことを書きます。その際「昨日の○○○○はよかった！」「今日は6年生らしく○○○な姿を示そう！」など穴埋めクイズ風にすると、子どもに興味をもって考えさせられます。

5日(水)
「できた！」という感覚で最後の単元の授業を終える

そろそろ各教科全単元の学習が終わるころですが、最後の単元の授業は全員が楽しみながら「わかった！」「できた！」という感覚で終われるようにします。どの単元でもその意識は重要ですが、次学年に向けて最後の単元の終わらせ方は特に大切です。

6日(木)　次の学年を意識して1年間の復習をする

3学期終盤の授業は復習を行っていくのですが、1年間すべての内容をすべて復習するのは現実的に困難なので、次学年の学習につながる重要な内容を優先して復習します。「今年が無事に終わればいい」ではなく、次年度も意識することが大切です。

7日(金)　6年生は中学校を意識して復習する

「中1ギャップ」が起こる原因の1つは学習面での悩みです。できるだけスムーズに中学校へ接続できるよう、6年担任は中学進学後の学習内容を把握したうえで復習内容を考えます。特に中学校の1つ目の単元につまずかないよう基礎を固めます。

10日(月)　復習にビンゴを活用する

「漢ド4～20までの漢字」「学習した図形の名前」「教科書○～○ページの重要キーワード」などと指定し、3×3、4×4のマスを埋め、教師がランダムに言っていきます。「○番～○番にビンゴになった人にシール」などとすると盛り上がります。

11日(火)　子どもが考える一番難しい問題を出し合う

復習の際、子ども同士で問題を出し合うことも楽しみながら復習に取り組める方法の1つ。例えば算数で、「これはみんな忘れてたり、間違えたりするだろう」という問題を教科書から選ばせ、子ども同士で出題し合うと、よりよい復習機会となります。

12日(水)　Kahoot！などを活用して復習する

学期末や学年末に復習をする際にはドリルやプリントだけでなく、Kahoot! やQuizletなどアプリを使うと楽しく復習でき、個別学習、家庭学習にも使えます。子ども自身が問題を作成できるようにしておくと、さらに活用の幅が広がります。

13日(木)　学習面での不安を少しでも軽減する

学年末の復習で一番大切なのは、復習を通して子どもたちに自信をもたせ、勉強の不安を少しでもなくして次の学年へ送ること。「できないことをできるように」と焦り過ぎ、子どもを苦しめるような復習は、決してしてはいけません。

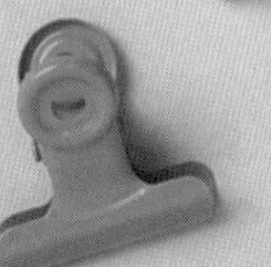

卒業式の意義について子どもに考えさせる

14日(金)

6年生はもちろん、卒業式に参加する在校生も「卒業式はなぜあるのか」を話し合いたいところ。卒業式ではいつも以上に座り方、立ち方、声の出し方などの指導があります。なぜそれらが必要なのかを子どもたち自身が理解して練習に臨むべきです。

最後のお楽しみ会を企画する

17日(月)

ここまでの経験を生かして、最後のお楽しみ会の運営は子どもたちに任せたいところ。しかし、最後のお楽しみ会がトラブルや「楽しくなかった」で終わることは避けたいものです。配慮やサポートが必要な部分は教師がしっかり見極めます。

1年間のクラスクイズ大会をする

18日(火)

お楽しみ会で、クラスの印象に残る出来事を「運動会のときの先生の失敗は？」「…の授業のときの○○君の衝撃の一言は？」とクイズにすると楽しみながら思い出を振り返ることができます。子どもを取り上げるときは前もって許可をもらいましょう。

最後まで丁寧な対応を心がける

19日(水)

学年も終わりに近づき、これまでは注意していても、多少おおめに見たくなることがあるかもしれません。しかし子どもたちの次年度の安定した学校生活のため、また来年度の担任の先生のためにも、最後まで丁寧に学級経営を進めることが重要です。

教室、掲示物の片づけを始める

20日(木)

終業式後、できるだけ早く教室を空にできるよう、3月に入ったら少しずつ教室の片づけを始めます。大掃除のときは学級目標以外のすべての掲示物を外し、教師机の中や棚もできるだけ空にしたり、廃棄したりします。断捨離のいいタイミングです。

「他己紹介ゲーム」をする

21日(金)

1人が前に出て自分以外のだれかを紹介し、だれを紹介しているか当てるゲームです。1年間一緒に過ごしてわかった友だちのよいところを考えて紹介文をつくります。少人数だと短時間で全員紹介できるので、グループで行うのもおすすめです。

24日（月）
学級目標を基に１年間を振り返る

４月に考えた学級目標、学級のゴール。達成できたかどうかを振り返ります。学年末にしっかり振り返ることが非常に大切で「学級目標があったから成長できた」と子ども自身が実感すると、目標を立てることの重要性を身をもって理解できます。

25日（火）
来年度へ向け、子どもの不安を少しでも軽減する

各学期末と同じように、学年末も１対１で話す機会を設けます。目的は来年度への不安を少しでも減らすこと。年度はじめはクラス替えもあるので子どもにかなりストレスがかかります。新年度全員が元気に登校できるよう、しっかり話を聞きます。

26日（水）
子ども１人１人に１年間の成長を具体的に述べる

１対１で話す際や通知表を渡すときに、１年間の成長を具体的に伝えます。「○○さんがいたからこのクラスがよくなった」など、自己有用感がもてるよう声をかけ「次の学年でもがんばりたい！」と意欲を高められるように心がけます。

27日（木）
年度末の事務仕事を計画的に早く終わらせる

３月の春休みは仕事の量の多さとは裏腹に、時間は非常に少なくあっという間に過ぎていきます。ですから、終業式が終わった瞬間から計画的に事務仕事を進めていきます。３月中に次年度の準備が始められることを目標にします。

28日（金）
次年度の準備を進める

４月は始業式まで怒涛のように時間が過ぎていくので、次の担当学年などが決まっているのなら少しでも準備を進めます。決まっていなかったとしても「こんな掲示物があればよかったな」「あの資料つくっておこう」などと考え、準備を進めます。

31日（月）
今年度の自分自身を振り返り、力不足を感じた部分を勉強する

今年度の学級経営や授業の中で、自分自身の力不足や勉強不足を感じた部分があれば、春休みはレベルアップのチャンス。「算数授業」「クラス会議」「宿題」「生徒指導」などジャンルを絞り、研修会に参加したり、書籍を購入したりして勉強します。

「できた！」という感覚で最後の単元の授業を終える

いよいよ残り1か月。各教科の単元も終わりに近づいているころだと思います。最後の学習の単元。子どもが「今年も勉強、しんどかったな…」で終わるのか、「わかった！」「できた！」で終わるのか。これは次の学年の学習に大きく影響します。次年度のスタートで少しでも意欲高く「がんばろう！」と学習を迎えられるようにするためにも、最後の単元の学習の終わり方は重要です。これまで以上に子ども自身が達成感や満足感を得られるよう、学習を計画し、進めていきたいところです。

以下の3点は、学年末の授業で私が特に意識していることです。

1つ目は**「楽しく授業を進める」**ことです。先にも述べましたが、最後の印象は脳に強く残ります。「勉強は楽しい」と感じられるよう、ゲームを積極的に取り入れたり、書籍やインターネットで過去の実践を参考にしたりするなど、子どもたちが興味深く学習を進められるような手立てを講じます。

2つ目は**「『できる』にこだわる」**ことです。今の学校教育は、知識・技能だけでなく思考力・判断力・表現力など様々な力の育成が求められてはいますが、教師の第一の責任は、子どもを「できるようにする」ことだと考えます。特に、次年度への接続を意識し、最後の単元での「できる経験」を大切にします。

3つ目は**「テストの点数にこだわる」**ことです。私たち教師は、子どもの成績をつける際に、テストの点数だけで評価はしません。しかし、子どもの自分自身への「できた・できていない」という評価は、テストの点数がかなり大きな指標になります。点数が高ければ子どもは喜び、勉強への意欲は高まります。であるならば、テストを「評価の手段」だけでなく「子どもの自信を高めるもの」という意識に変え、子どもの自信を高めるためにも、できるだけ点数が取れるように授業を計画しています。

当然ですが、これら3つのことは、最後の単元に限らず、どの単元の授業でも重要なことです。しかし、最後の単元学習の終わらせ方が、1年間の学習への印象をよくし、次の学年の学習に対してポジティブな影響を与えることを考えれば、この時期特に意識するべきではないかと思っています。

最後まで丁寧な対応を心がける

4月からの1年間、ここまで様々な指導をしてきたと思います。中には、子どもが成長したことにより、指導する必要がなくなったこともあるでしょう。

しかし、それでも不適切な言動や注意すべき事柄は、時期に関係なく起こります。

そして、そういったこれまでなら指導してきたことに対して、多少おおめに見たくなるのもこの時期です。この学年末にそういった感情がわいてきたことはないでしょうか。

これは、すべてが教師の怠慢かといえば、そうではない面もあると思います。

「最後ぐらいは気持ちよく過ごさせたい」という感情もあるでしょうし、「大きな問題でなければいいだろう」「まわりに迷惑をかけない程度なら…」という気持ちもあります。

また、子どもたちとの距離が少し近くなり過ぎたことで、注意しづらさが出てしまうということもあるのではないかと思います。

しかし、学習面だけでなく、学級経営や子どもの生活面においても、次年度へのつながりを意識することは重要であり、そのためにも、**この時期の生活指導は次年度以降の安定した学校生活のためにも非常に大切**です。

この時期の気の緩みは、次の学年に大きな影響を与える可能性があります。今の学年を無事に終わらせることだけでなく、子どもたちにとっても、次の新しい担任の先生にとっても、スムーズに次の学年をスタートできるように過ごしていくことが絶対的に必要です。

しかし、だからといって何か特別なことをする必要はありません。**4月から続けてきたことを愚直に3月も継続するのみ**です。よいことはよいとほめ、だめなことはだめと指導するのです。

特に、学校のルールについては曖昧にするべきではありません。**「去年の担任の先生は『していい』って言ってたよ」なんてことが1つでもあれば、学級経営の難易度はかなり高まってしまいます。**

学年末は次年度に向けて子どもたちがさらに成長し、次の学年において安定した学校生活を送るための貴重な準備期間であることを意識する必要があります。そのためにも、3月の1日1日を大切に、子どもたちにも丁寧に接していきましょう。

学級目標を基に1年間を振り返る

「学校目標」「学級目標」「授業の目標」「行事の目標」など、学校には様々な目標があります。目指すべき場所を決め、どう行動するのかを明確にするうえで目標設定は重要です。子どもたちも4月から様々な場面でたくさんの目標を考えてきたはずです。

その目標をただの飾りとするのか、または自分自身の成長の指針とするのかは、子どもたちのこれからの成長において、大きな違いになります。ですから、これから幾度となく目標を設定する場面において、子ども自身が目標を立てることの意義を実感し、前向きに目標を考えられるようにすることはとても重要だと考えます。

そのためにも、これまで考えてきた学級目標や個人目標を基に、この1年間を振り返り、「目標があったから成長できた」という経験を積ませることがとても大切です。

まずは、1学期に学級目標をつくったときのことを思い出します。どんなクラスを目指してこの学級目標にしたのか、また、その目標達成のために何をがんばろうと決めたのかを回想します。

そのうえで、4月からがんばってきたこと、成長できたと思うことを考えさせます。学級目標や、そこから考えた個人目標を基に、達成できたことを振り返ります。

そして、「この目標に向かってがんばってきたから君たちはこれだけ成長できたんだね」と、この目標があったからこそクラスとして成熟できたということを強調します。

このように、**最後の最後まで目標を基にクラスや自分自身を振り返り、実際に成長できたことを言語化し、具体化することで、目標への意識が変わっていきます。**

この振り返りのプロセスが、次年度に学級目標や個人目標を考える際につながっていくと考えます。

また、ここまで何度も述べていますが、3学期に大切なことは、この学年を無事に終わらせることだけでなく、次の学年へ前向きにつなげ、子どもたちの次年度以降の学校生活をよりよくしていくことです。1年間の振り返りの時間を「今年よかったね」「がんばったね」だけで終わるのではなく、次のステージを意識した時間にするべきです。

そのためにも、目標を目標に終わらせず、意味のあるものにするための振り返りを学年末に行うことはとても大切です。

【参考文献一覧】

・向山洋一（1987）『子供を動かす法則』明治図書
・向山洋一（1991）『学級を組織する法則』明治図書
・岩下修（1988）『AさせたいならBと言え』明治図書
・岩下修（2016）『書けない子をゼロにする作文指導の型と技』明治図書
・大村はま（1996）『教えるということ』ちくま学芸文庫
・吉崎エイジーニョ（2015）『学級崩壊立て直し請負人　菊池省三、最後の教室』新潮社
・菊池省三（2014）『コミュニケーション力あふれる「菊池学級」のつくり方』中村堂
・野口芳宏（2015）『名著復刻　授業で鍛える』明治図書
・野口芳宏（2016）『名著復刻　子どもの話す技術を鍛える』明治図書
・野中信行（2012）『必ずクラスを立て直す教師の回復術！』学陽書房
・野中信行・横藤雅人（2011）『必ずクラスがまとまる教師の成功術！』学陽書房
・土居正博（2022）『授業で学級をつくる』東洋館出版社
・中村健一（2015）『策略　ブラック学級づくり』明治図書
・中村健一（2017）『策略　ブラック授業づくり』明治図書

・堀裕嗣・大野睦仁（２０１７）『小学校高学年　学級経営すきまスキル70』明治図書
・堀裕嗣（２０１５）『ＴＨＥ ほめ方・叱り方』明治図書
・安次嶺隆幸（２０１３）『「礼儀」でまとめる学級づくり』東洋館出版社
・赤坂真二（２０１６）『集団をつくるルールと指導』明治図書
・俵原正仁（２０１３）『楽しい授業づくりのツボ』明治図書
・山田洋一（２０１４）『ＴＨＥ 学級崩壊立て直し』明治図書
・伊藤敏雄（２０２０）『子どもがつまずかない教師の教え方10の「原理・原則」』東洋館出版社
・西野宏明（２０１５）『子どもがパッと集中する授業のワザ74』明治図書
・西野宏明（２０１６）『子どもがサッと動く統率のワザ68』明治図書
・山中伸之（２０１５）『今日からできる学級引き締め&立て直し術』明治図書
・山中伸之（２０１９）『子どもが一気に集中する！　授業スイッチ１０１』学陽書房
・志水廣（２００４）『「○つけ法」で授業が変わる・子どもが変わる』明治図書
・加固希支男（２０２０）『学級経営ＯＶＥＲ35』明治図書
・長瀬拓也（２０１４）『ゼロから学べる授業づくり』明治図書
・阿部真也（２０２０）『心理テクニックを使った！戦略的な学級経営』東洋館出版社

・樋口万太郎（２０１９）『算数アクティビティ２００』フォーラム・A
・森川正樹（２０１４）『教師のすごい！会話術』東洋館出版社
・吉田順（２０１８）『学級経営17の鉄則』学事出版
・小栗正幸（２０１７）『支援・指導のむずかしい子を支える魔法の言葉』講談社
・島村華子（２０２０）『自分でできる子に育つほめ方 叱り方』ディスカヴァー
・播摩早苗（２００８）『目からウロコのコーチング』ＰＨＰ研究所
・伊藤羊一（２０１８）『1分で話せ』ＳＢクリエイティブ
・鈴木義幸（２０２０）『新 コーチングが人を活かす』ディスカヴァー
・三好真史（２０２２）『教師の最速仕事術大全』東洋館出版社
・江澤隆輔（２０１９）『教師の働き方を変える時短』東洋館出版社
・魚住惇（２０２０）『仕事がサクサク進む 教師の iPad 仕事術』学事出版

【著者紹介】

サンバ先生（さんばせんせい）

現役小学校教諭。

JICA で海外ボランティアを経験。「サンバ」の名前はそのときのホストファミリーにつけてもらったもの。

X のフォロワーは３万人超。初任の先生，若い先生に向けて，明日使える教育実践を日々発信している。

単著に『勉強も小学校生活も超うまくいく！ おうち学習で知りたいこと80』（KADOKAWA，2024）

X：サンバ@小学校の先生（@giga_teacher）

blog：サンバ先生の明日使える教育実践
https://blog-giga-teacher.com/

学級経営・授業づくり１日１技
サンバ先生の明日の教室が変わる教育実践

2025年３月初版第１刷刊 ©著 者 サ ン バ 先 生
発行者 藤 原 光 政
発行所 明治図書出版株式会社
http://www.meijitosho.co.jp
（企画）矢口郁雄（校正）大内奈々子
〒114-0023 東京都北区滝野川7-46-1
振替00160-5-151318 電話03(5907)6701
ご注文窓口 電話03(5907)6668
＊検印省略 組版所 長野印刷商工株式会社

Printed in Japan ISBN978-4-18-266740-4